リーダーの鬼100則

早川 勝
Masaru Hayakawa

明日香出版社

まえがき

AIブームに沸くこのご時世に、まさか今さら「鬼100則」とは、思いきりどん引きしているリーダー諸氏もいるのかもしれない。封建的な暑苦しい精神論を押しつけられるのではないかと、勘違いされてしまうのも無理はないだろう。

しかし、現実の組織経営は甘くない。笛吹けど踊らぬ「ゆとり世代の甘々な部下」と、理不尽な「昭和世代のブラックな上司」との板挟みに、悪戦苦闘しているリーダーも少なくないようだ。

もしかするとあなたも、**次のような葛藤に日々苦悶しているのではないだろうか。**

「目先の成果に追われるばかりで、チーム内には〝やらされ感〟が蔓延している」

「部下との衝突や軋轢《あつれき》を恐れて踏み込んだ指導ができず、仲よしクラブ化している」

「責任と重圧に押しつぶされ、日々のルーティンワークへ逃げ込んでいる」

いやはや、リーダーとは、なんとも大変な職務である。

そこで私は、閉塞感いっぱいのリーダーを救うため、ふたたび〝鬼の筆〟を執った。彼らが**今求めているのは、ストイックな救世主からの「愛のある喝」に違いない。**そう考え、本書が誕生するに至ったのである。

ただ〝鬼〟といっても、俗に言う恐い妖怪の鬼を想像してもらっては困る。本書における「リーダーの鬼」とは、高圧的なパワハラ系の鬼畜生を意味していない。

そもそも鬼の定義とは何なのか。それは、**「あなたが元来持っているにもかかわらず、普段は発揮しきれていない忍耐強さやバイタリティを生かし、理性と知性と愛を持って願望を叶えていく〝途轍もない力〟のこと」**である。

リーダーがチームを牽引するためには、ある種の「強さ」が必要不可欠である。内に秘めた〝鬼〟のような「ブレない統率力」を持っているからこそ、涼しげで軽やかな佇まいを醸し出し、〝仏〟の笑顔で余裕綽々《しゃくしゃく》に采配を振ることができるのだ。

時代は変わってもマネジメントの本質は変わらない。よって**私は、往く道も来た道も「鬼の王道」を一心に歩む。**しかし、チームの経営戦略や部下へのコーチング・スキルについては、**常に「時代の最先端」を走ってきた**という自負がある。

なぜなら、今もなお、生命保険会社の直販組織という最難関の営業部隊を率いながら、日々、支社長・マネージャーに対して、リーダー教育に明け暮れているからである。

私がそれらの経験をまとめ執筆してきた発行書籍も、ついに本書で13作目となった。

常に、**現場でインプットした「リーダー育成法」を執筆・講演を通して世間にアウトプットしていく。**その経験値を積み重ねてきた〝リアル主義〟が私の強みである。


私は20年以上の長きにわたり、「管理職も歩合給制」という厳しい生保業界において、淘汰されていく残念なリーダーたちの後ろ姿を、数多く見送ってきた。一時《いっとき》の勢いだけで組織を拡大し荒稼ぎはしたものの、やがて失脚していく彼らには、マネジメントの本質を見極める力がなかった。

たとえ優秀な精鋭部隊を任されたとしても、いや、優秀な精鋭部隊であるからこそ、一《ひと》度《たび》リーダーが**その采配を誤れば、一転して魑魅魍魎が跋扈《ばっこ》する烏合の衆へと変貌してしまうのが、組織というもの**だ。

私は最前線で部下を育成する営業所長として、営業所長を管理する支社長として、はたまた支社長を統率する統括部長、本部長として、実践的な指導で現実に触れてきた。現在もなお、いくつもの支社を統括する部門のエグゼクティブトレーナーを兼務し、リーダー教育の真髄を探求している。

それらの実体験を通じて修得した極意をまとめ上げ、今ここに〝鬼の巻〟を公表するに至った。膨大なデータを基に到達したリアルな「鬼100則」である。

ややもすると、あなたは「自分はリーダーに向いていない」と、あきらめの境地にいるかもしれない。

でもどうか、あきらめないでほしい。今からでも、あなたのマネジメント力を存分に発揮し、チームメンバーを覚醒させることができる。

「公明正大な態度でビジョンやミッションを示せるようになり、メンバーが自発的に活き活きと働きはじめる」

「臆することなく部下の懐へ踏み込んだコミュニケーションがとれるようになり、育成から逃げない自分になれる」

「リーダーとしての誇りを胸に采配を振ることができるようになり、自尊と威厳をもって職務に邁進できる」

〝鬼〟となってリーダーシップを発揮するためには、天才的なマネジメント力や小手先の人心掌握術などいらない。部下以上に自分を律し、部下以上に自分を磨けばいい。そして、その「覚悟」を決めることである。

スランプ地獄から立ち上がれないすべてのリーダーに向け、具体的にどんなマネジメントをすればチームが活性化されるのか、その「鬼の奥義」を100のメッセージに乗せて伝えきりたい。

かつてここまで書いたリーダー本は存在しなかったと断言してもいい。それほどのクオリティである。

読了後のあなたは、「これならすぐに試してみたい！」と鬼のような雄叫びを上げ、マネジメントに本気で取り組みたくなるに違いない。

本書が、あなたの「心の中の〝鬼〟」を目覚めさせる一助になってくれたら幸いである。

令和元年五月吉日　　早川 勝

リーダーの鬼100則　もくじ

第2章 Coachings ～鬼コーチング～

第3章 Spirits ～鬼魂～

第4章 Habits ～鬼習慣～

あとがき

カバーデザイン：西垂水敦・市川さつき（ｋｒｒａｎ）

第 1 章

Managements
～鬼マネジメント～

あなたが向き合わなかった問題は、
いずれ運命として出会うことになる。

カール・グスタフ・ユング

もし誰かが一度だけあなたを裏切ったのなら、それは彼らの責任です。もし彼らが二度もあなたを裏切るのなら、それはあなたの責任です。

エレノア・ルーズベルト

ひとりで見る夢は夢でしかない。
しかし、誰かと見る夢は現実だ。

オノ・ヨーコ

鬼100則 01

皮肉るな「ストレート」にキレろ

嫌われ者リーダーの代表格は、シニカルな皮肉屋だ。ストレートに叱れないために、どうしても変化球勝負になる。いわゆる〝優しいリーダー〟というのは、遠回しに小言を繰り返し、なかなか核心を突くことができない。

重大な過ちを正したり、度重なるミスを指摘するときには、ドカンとキレたほうが互いにスッキリするものだ。**叱られて当然の大失敗を犯した部下の立場からすれば、むしろ、思いきりストレートに怒鳴られて「罪を償いたい」と思っているはずである。**

ストレートに叱れないのは、「部下に嫌われたくない」という恐れが根っこにあるからだ。「好かれたい」という内向きな思いが、ブレーキをかけている。そんなリーダーの正体とは、ただエゴイストなだけであって、本当は優しくもなんともないのだ。

かえって部下に煙たがられる「ウザい人」であることを自覚してほしい。

実は、叱れないリーダーと高圧的なパワハラリーダーの深層心理は、共通している。

そう、それは**「自己中心的」である**ということ。どちらも部下のことを考えた行為ではないことは明らか。むしろ、叱らないのは〝エゴ・ハラスメント〟だ。

叱れないままでいると、部下との信頼関係はますます悪化の一途をたどる。「ストレートに叱る」という行為を先送りにしていくと、徐々に憎悪の感情が育っていく。

なぜなら、「本当は叱りたいのに叱れない」ために、エゴ・リーダーは我慢の毎日を過ごすことになるからだ。ミスに目をつぶったり、優しい言葉で遠回しに注意するに留まり、日々耐えに耐え忍ぶ。その我慢はどんどん蓄積されていくため、心の底は、「怒り」のマグマが煮えたぎる。しかし、**噴火できないエゴ・リーダーは、ときどきコントロールが効かなくなり「皮肉」というガス抜きで部下を攻撃しはじめる**のだ。

そして、ますます互いの関係は悪化し、部下から嫌われていくはめになるのである。

〝皮肉の達人〟の化けの皮をバリッと剥がすと、「般若のようなリーダー」の正体が暴かれるに違いない。だったらもう、部下を嫌いになってしまうその前に、または部下から嫌われてしまうその前に、ストレート勝負でズバッと叱ったほうがいい。

ぜひ、優しいリーダーであるあなたも、いや、優しいリーダーでありたいあなたも、叱るべき場面では、**意識的に「キレるスイッチ」を押し、スカッとするべき**である。

平等に扱うな「理不尽大魔王」を目指せ

部下を平等に扱おうと意識し、「平等に、平等に」というチーム運営を心がけているリーダーが大多数のようだ。たしかに、不平等だと感じたとき、部下のやる気は落ちる。だから真面目なリーダーほど、不平不満が出ないよう、平等に接していくのである。

しかし、はたしてその方針は「正しい」のか。いや、そもそも全員の部下と平等に接することなど「可能」なのだろうか。答えはノーだ。だいたいが**メンバー全員を平等に扱おうとすること自体に無理があるし、無意味である。**

むしろ、あなたにはぜひ、「理不尽大魔王」を目指してもらいたい。世の中なんてものは所詮、理不尽な世界なのだ。**職場も例外ではない。不平等、不公平、不合理なことだらけ、矛盾と葛藤が渦巻く「魔界」**なのである。

たとえば、成績のいい社員にはさらにもっと優良顧客が回る。ヨイショの上手い社員は給与が上がる。忙しい社員ほど仕事が増える。男性より女性社員のほうがちやほやされる。

会議で正論ばかり訴える社員は左遷される。気の弱い社員は雑用を手伝わされる。仕事はできなくても高学歴の社員は何かと優遇されることになっている。

それらは不平等な理不尽さというより、笑うに笑えない「職場あるある」である。

もし、「なんで○○さんばっかり」「○○君はズルい」という苦情が耳に入ったとしたら、そのときは、「はあっ？ それが何か？」という**ぬけぬけとした大魔王的な姿勢を貫き通してほしい**ものだ。やっかみや愚痴に対しては、もはやフォローも不要だろう。悟りを開いたかの如き大魔王の佇まいで、不平等な理不尽さを部下に受け入れさせるべきである。

中途半端な態度で平等に接している振りをしたり、おどおどこそこそと隠しごとをしたり、いちいち対応がブレたりすれば、かえって信頼を失ってしまうことにもなりかねない。

あなたは日々、一生懸命にリーダー役をまっとうしているはずだ。何をこれ以上どうにもならない小さなことにまでエネルギーを消耗しなければならないのか。もっと大切な仕事が山積みなのではないのか。もっと優先するべき仕事が目の前にあるのではないのか。

そもそもそれらは「職場あるある」なのだから、その環境に慣れてもらうしかない。

何よりも、**職場とは、「理不尽さに耐えることを学ぶ修行の場」であることを部下たちへ教育すべき**なのである。

退屈な定例会議はやめろ「イベンター」であれ

あなたのチームは毎月、または毎週、いや、毎日のように会議を開催していないだろうか。なぜか「定例の会議が大好き」というリーダーは少なくないようだ。

しかし、だいたいが**リーダーのスピーチが一方的に延々と続くセレモニーか、説教三昧、恫喝祭りと化した、リーダーの自己満足会議の様相を呈している。**参加しているチームメンバーの気持ちといえば、当然、「うんざり」といったところだろうか。

リーダー自身が部下であったときには、「自分がリーダーになったら、あんなくだらない会議は絶対にやめよう」と心に誓っていたはずなのに、いざリーダーとなると、感覚が麻痺してしまうのか、同じような〝茶番〟が繰り返されているのが現状だ。

リーダーの口から直接部下へ伝えたいことが山ほどあることは理解できるが、伝達事項のほとんどは、メールで済む内容である。部下はまず、その拷問に辟易《へきえき》している。

さらには、営業成績などの達成状況についても、数字を発表しておしまい、というケースが多い。「だから何？」という完全なる「時間の無駄」である。しかもそれは、壊れたビデオ映像のように毎回繰り返される。功績者を讃えるパチパチという拍手も、カラオケの間奏で聞くことのできる、あのお情けまじりの拍手のようだ。

縦割り行政のお役所のように、各部署へ均等に割り振られた伝達タイムも廃止すべきセレモニーの一つだ。アジェンダは、本当に必要な議案のみに絞り込んでほしいものである。

茶番リーダーが主催する会議は、チームメンバーの目が死んでいるのが特徴的だ。まったく顔が輝いていない。それでは、いったい何のための会議なのかわからないではないか。会議とは、目的を持って熱い議論を戦わせる、本気モードの場でなければならない。

もうそろそろ、退屈な定例会議はやめてほしい。

これからあなたは〝**イベンターとして**〟**会議を主催すること**だ。メンバー全員は、ショーに参加したお客さまである。**ふたたび参加したくなるような、ワクワクする議題を用意するべきだし、リピーターが増えるような企画・演出を次々と仕掛けなければ、あきられる。**チームにとって、最も恐いのは、シラけたマンネリズムなのだ。

音楽、映像、音響、席順、照明などは大丈夫だろうか。この機会に一からすべてを見直すことを考えてほしい。**主賓はリーダーであるあなたではない、部下なのである。**

鬼100則 04

多数決はやめろ「独断」で意思決定せよ

「会議が長い」というリーダーへの不満がある。「目的や趣旨がわからない」「会議のための会議になっている」「いつも結論が出ない」という深刻かつ永遠なる課題だ。

そんな**意思決定のできないリーダーに対し、「優柔不断で頼りない」と、チームメンバーはいつもイライラしている。**〝決められない〟ダメリーダーの典型である。

会議がどんなに長くても、最終的にスカッと納得いく結論を出してくれるのなら、長くは感じないものだ。「これでいこう！」というリーダーからの明快で自信満々な意思決定さえあれば、部下は「これならいける！」という気持ちを抱き、皆元気になれる。

たとえば、部下全員が集まり会議を開いたとしよう。戦術は2つ。どちらも一長一短で、メリットもデメリットもある。メンバーの意見を聞いていると、甲乙つけがたい。

さて、あなたがリーダーなら、大切な問題だからと、後日へ「先送り」するのだろうか。

いや、ちょっと待ってほしい。そもそも部下の不満は「いつも会議で結論が出ない」である。それでは「またリーダーは決めてくれなかった」という不満が膨らんでしまう。

そこで、すぐに結論を出したいリーダーは、「多数決で決めよう！」と言い放つ。たしかに、合議した上での多数決であれば、民主主義の精神に乗っとっているし、メンバーの意見を尊重しているようで、一見、正しい決め方をしているようにも見える。

ただ、責任を部下へ投げてほしくない。やはり、意見が出尽くしたときこそ、リーダーの出番だ。**リーダー自身が腹をくくって決める勇気を見せてほしい。独断で決める度量だ。**

たとえ99人が反対したとしても、1人のリーダーが押しきって決める。

その独断が部下の反発を生むか生まないかの境目は、リーダー自身がそれを「信じているか」にかかっている。その結論を信じる力が「説得力」を生むのだ。**だからまず部下を説得する前に、しっかりと「自分自身を説得」しておくこと**である。

そして最後の最後は、**根拠を示した「熱い大演説」をぶちかましてほしい。**

「なるほど」と腑に落ちた瞬間、部下は目的に向かって動き出す。その推進力が、不可能と思えた独断でさえ、可能に変えてしまうこともあるのだ。チームの問題は山積している。フラフラ迷っている暇はないのだ。**大事なのは、スピードある意思決定力である。**

信じる道を突き進み、独断、独断、独断で決めてほしいものだ。

鬼100則 05

「危機感」を煽るな ワクワクする世界へいざなえ

追い詰められたリーダーの口からは、悲壮感あふれるメッセージしか聞くことができない。単に〝危機感〟を煽り、チームメンバーを脅し続ける、という高圧的なリーダーが最も得意とするワンパターンである。

「このバジェットを達成できない者は、降格または減給させる」

「この新商品が売れなかったら、もう業界では生き残れない。今度こそ経営破綻だ」

「昨年は80％だったのに、今年は60％まで落ちた、このままでは解散するしかない」

こんなサバイバルな環境で罰ゲームをやっているうちは、この悪循環を永遠に止めることはできない。**「人は恐怖で動くもの」と思い込み、ペナルティだらけの方針を掲げてプレッシャーをかけ続ける限り、チームは弱体化していく。**

ときには、部下の尻に火がついてその気になることもあり、一過性の効果はあるかもしれない。しかし、動機づけが〝脅し〟であるかぎり、長続きはしない。

そのサバイバルなジャングルには、まずワクワクするビジョンがない。未来への希望など何もなく、ただ疲弊する一方だ。

チームのムードは暗くなり、人間関係もギスギスしていく。モチベーションは下がり業績も上がらない。退職者は雪崩を打つように後を絶たず、雰囲気はますます悪化する。

これからはもう、**部下たちが「生存」ではなく「繁栄」というポジティブなターゲットへ向かい、本気になれるメッセージを伝え続けること、**それがリーダーの仕事になる。

「バジェットを達成できた者たちでプロジェクトを立ち上げる。世界へ打って出るぞ」

「この新商品が売れたら、パイオニアになれる。もう業界では一人勝ちだ」

「昨年は80％だったのに、今年は60％まで落ちた。しかし、１２０％まで持ち直し、業界で1位に返り咲ける切り札がある。それが、この計画だ！」

このように、**ワクワクする世界へチームを引っ張ってほしい。一刻も早くサバイバルなジャングルから脱出し、胸躍るビジョンの世界へと、メンバーを招待してあげる**のだ。

そこに使命感はあるのか。そこに意味はあるのか。そこに達成感はあるのか。そこにメリットはあるのか。そこにお楽しみはあるのか。そこに幸せはあるのか。

「ワクワクする世界へようこそ」という牽引力こそが、鬼リーダーの真骨頂なのである。

鬼100則 06

「ニンジン」をぶら下げるな 物欲・金銭欲の限界を思い知れ

危機感を煽り脅すだけのマネジメントは最悪だが、ご褒美で釣るだけのマネジメントは〝粗悪〟である。

とはいえ、いわゆる「ニンジン作戦」というのは、多くのリーダーが最も好み、最も速効性と浸透力が高く、最も伝統的な「動機づけ」なのではないだろうか。

ただそれで本当に、部下のモチベーションを喚起していると言えるのか、甚だ疑問である。特に営業・販売部門においては、キャンペーンや〇〇アワードと、ご褒美で釣る施策の〝飴〟あられだ。高額な報奨金をはじめ、嵐のようにこれでもかこれでもかと施策を打ち出し、金品をばら撒いている。そのエスカレートぶりたるや、目に余るほどである。

士気が落ちて困ったら「ニンジン」、そしてまた業績が落ちて困ったら「ニンジン」と、それが常態化していくものだから、その「ニンジン」は大きくならざるを得ない。

ご多聞にもれず、生保業界の営業組織においても、もはや麻痺していると言ってもいいほどに凄まじい「ニンジン大作戦」を展開している。ちょっとやそっとの「ご褒美」では誰も動かないため、〝刺激〟は過剰にグレードアップしていくほかはなく、さらにもっと、もっと、豪華絢爛な「ニンジン」をぶら下げ続ける、という悪循環を繰り返しているわけだ。

たしかに、よく働く部下たちを「称賛」し、承認欲求を満たしてあげることは大切であると思う。達成意欲に火をつけるためにも、ときに必要なことなのかもしれない。

ところがやはり、それには限界がある。いくらなんでもニンジン一辺倒では芸がなさすぎるだろう。よくよく考えてみれば、**「ニンジン」をぶら下げ続けなければ働かないと思い込んでいること自体、あまりにも部下を〝馬鹿〟にしていないだろうか。**

部下には、給与もボーナスも払っている。昇進昇格のための評価制度もある。組織には、理念もビジョンもミッションもあるのではないのか。そもそも仕事とは「自己実現」の場ではないのか。経験こそが何よりの報酬であり、人生の「ご褒美」なのではないのか。

ニンジン作戦大好きリーダーというのは、「動機づけが下手で無策な手抜きリーダーである」と宣言している、と思われても仕方がない。だからここは、我慢である。

これからは、手っとり早く「走れ、走れ」とニンジンをぶら下げて「馬尻《バケツ》」を叩くのはほどほどに、「手綱を握る」鬼のマネジメントを追求しようではないか。

チームを見るな「個」と関われ

チームを動かそうとするとき、どうしても「全体」をまとめて一括管理してしまいがちだ。しかし、**チームを成功へと導く指導法の大原則は〝鬼のマンツーマン〟**である。

全体へ号令をかけて鼓舞するリーダーシップもたしかに必要だろう。しかし、それはマンツーマン・ディフェンスがしっかりと構築できている上での話である。

意外にも、世の中にはマンツーマンの指導を蔑《ないがし》ろにしているリーダーが多いことに驚かされる。トップダウンの大号令が好きな「お山の大将タイプ」、頭脳明晰だが人に関心のない「ナルシストタイプ」、大雑把で面倒臭がり屋の「怠け者タイプ」、温厚で優等生だが一方通行の「学級委員タイプ」、というような特徴がある。

「個」と関わる、という発想が根本からないのだから、部下から信頼されないのも無理はない。もっと言えば、**部下を人として見ていない傾向がある。**そもそも部下に興味がないから、机上のデータだけで判断しようとする。個人個人の感情に訴えるよりも、権力を振りかざしたり、ロジックでチーム全体を動かそうとしがちだ。部下をひとつの〝駒〟として見ているのだ。「右向け右」でチームが動くという幻想を信じ込んでいる。

業績低迷の原因は、部下との対話が不足していることにある。**仕事の進捗もつかめていないし、個別の業績もよく把握していない。部下が何に悩んでいるかも知ろうとしない。あきれ返るほど〝真実〟が見えていない。**

それでは、リーダーと部下との距離は遠のくばかり。現場がまったく見えなくなっているに違いない。立派な「裸の王様」の一丁上がりである。

部下の不満はいつもこうだ。

「リーダーは現場のことが見えていない。ホントのことは何もわかっちゃいない」

「リーダーの強引な方針にはついて行けない。そもそも理解できない」

「リーダーは上役にゴマばかりすって、みっともない。私たちには興味も関心もない」

こんな状態でチームがうまく機能するはずがない。リーダーの目から見えているのは実態ではない。虚像だ。

真実を知りたいなら、一人ひとりの部下と密なコミュニケーションをとり、鬼のように情報を収集することに尽きる。チーム全体を見てはいけない。徹底して「個」と関われ！

鬼100則 08

プライベートと仕事を割り切るな「ビッグダディ」を目指せ

昨今の風潮は、「仕事とプライベートは別にしたい」「家庭のことには口を挟まないでほしい」「社員旅行や懇親会はやめてほしい」というタイプの部下が増えているようだ。

そんな今どきの若手社員への逸脱した干渉は、労務上の問題にもなりかねない。過剰なおせっかいや業務時間外の強制的な拘束についてはトラブルの元になる。

たしかに、プライベートには一切干渉しないビジネスライクなマネジメントも悪くないのかもしれない。しかし、それには限界がある。しかも、致命的な欠陥が潜《ひそ》んでいる。

実際、仕事上の問題というのは表面化しやすく、またそれが難解なトラブルであっても、所詮、仕事上のことなのだから、それなりの解決へ向かうことになるだろう。しかし、家庭問題となると、おいそれと手助けをするわけにもいかない。

にもかかわらず、**プライベートな悩みは、仕事へ大きなマイナスの影響を及ぼすのも事実だ。やる気や集中力、時間や体力など、何から何まで奪っていく**ものである。

よって、前時代的であるという世間の反論を承知の上であえて言わせてもらいたい。**リーダーたるもの「部下の私生活にまで入り込み、部下の人生に関心を持て」と。**

たとえばあなたは、すべての部下の誕生日を知っているのか。家族構成はもちろんのこと、子どもの年齢と名前は漏れなく知っているのか。両親は健在なのか、健康状態はどうなのか、趣味や休日の過ごし方など、部下の日常について理解しているのか。

もし「知らない」と言うのであれば、これからは部下の「人生のすべて」に興味を持ってほしい。家族の話題で声をかけ、**部下に関心を示してほしい。部下の〝私生活〟に関心が持てなくて、〝仕生活〟をマネジメントできるはずもない。**

いつの時代であっても、リーダーと部下は家族以上に時を共にし、家族以上に興味を持つことが「強い絆」を生む。だから、いざというときの問題にも先手が打てる。

私の営業所長・支社長時代には、頻繁にご家族を食事会に招待していた。家族からの仕事への理解が深まり、応援が得られるというプラス効果もあった。さらには、リーダーとしての自覚の中に**「家族も含めた部下への責任」が深まっていく、という効果**もあった。

リーダー自身の家族同様、部下の家族も含めた全員があなたの「家族」だ。あなたはその家長であり、〝ビッグダディ〟なのである。

鬼100則 09

育成なんてできると思うな「環境」で人を育てろ

採用と育成、それは組織の発展に欠かせない両輪であることは言うまでもない。ところが、売り手市場の昨今である。ハイスペックな人材を大量に採用すること、それは至難の業だ。限られた優秀な若者たちに対しては、もはや争奪戦の様相を呈している。

そこで起こるお決まりの悲劇がある。それは、明らかに能力も適性も経験も劣ることは目に見えているのに、「人が欲しい」というハロー効果に惑わされ、〝数合わせ〟に走る採用だ。「時間とコストをかけて教育すればいい」という大義名分の下、**妥協の産物〝育成枠の採用〟となる**わけである。

その結果、多くのターンオーバー組を生み出す、という過ちを繰り返している顕著な例が生保業界だ。**ターンオーバーとは、組織内の細胞が「増殖と死滅」を反転し続けること**を意味する。〝育成枠〟で採用した部下が、戦力として育っていった例は稀である。

どうやら、**育成を前提とした採用には、焦りだけでなく「リーダーの傲《おご》り」も隠されて**

いるようだ。今さら20年30年と人生経験を積んできた「いい大人」に教育を施したからといって、人間が大きく変わると思っていること自体、愚かで憐れな話だ。まあまあ、ある程度のスキルや知識は身につくだろう。経験から学ぶこともあるはずだ。科学的に研究し尽くしてきた教育プログラムによって伸びていく部下もいるに違いない。

ただそれは、ある一定の能力や適性を兼ね備えていることが前提条件であり、そもそも「育成」は特別な仕事ではない。実行されて当たり前のルーティンワークなのである。

生まれ育った能力や適性については、ジタバタしたってほとんど変わらない。ただ、**素質を生かすか殺すかだけのこと。伸びるか伸びないか、それは〝環境〟次第**なのである。

私の経験上においても、良好な環境下でなら人は育ってきた。環境さえよければ、すべての「生きとし生けるもの」は、自然に育っていくものなのだ。生物は、空気がきれい、水がおいしい、エサがとれる、よき仲間がいる、そして、素晴らしいリーダーがいる、そんな環境でなら伸び伸びと育っていくのである。

だから優先すべきは、個々の育成ではない。それより先に、その濁りきった「環境を整えろ」と声を大にして叫びたい。**環境の整った組織へと、伸び悩む部下を移して再教育を施し、いつまで経っても環境の整わない組織こそ、「死滅」させる**べきである。

鬼100則 10

安穏とさせるな シャッフルして「刺激」を与え続けろ

マンネリズムを恐れてほしい。組織は生き物だ。チームメンバーが気持ちよく呼吸できるよう、また、病気にならないよう、常に新しい空気に入れ換えておくことが欠かせない。

ところが、平和な日々に安穏とし、ボケボケーッと暮らしていると、ふと気がつけば、空気は澱《よど》み、メンバーの士気は下がる。実績も下降線をたどり、退職者が雪崩《なだれ》を打つ。

この原因は、固定化された人事による悪影響がほとんどなのだが、それが見落とされている。**手っとり早く組織を生き返らせる方法は、即効性のある「人事異動」しかない。**

権限のあるリーダーなら、即刻決断し、次々と「抜擢人事」や「あっと驚く配置転換」を断行していくべきだ。

決裁権のないリーダーであっても、関係各部署への働きかけによって社内政治を動かしたり、役員や上役への説得交渉などを行い、できる限り人事を動かす努力を怠らないことだ。たとえ、権限は微力でも、リーダーの範疇《はんちゅう》において、できる限りのチーム編成などを行い、組織内の「人事」を動かすことである。

年度末や半期末の人事異動のタイミングに合わせる必要はない。期の途中でもかまわない。**手遅れになる前に、365日の緊張感と「刺激・衝撃・劇的」を与え続けてほしい。**

何をぐずぐずと決断を先延ばしにしているのか。組織内のハレーションや不平不満が恐いのか。異動させるのは可哀相という当事者への同情なのか。その組織改編に失敗したときの責任を追及されるのが恐いのか。ああ、情けない。リーダーの優柔不断によって、メンバーのイライラは最高潮に達しているという認識が必要である。

といっても、**単なるローテーション人事ではつまらない。**それでは、まったく意味がないだけでなく逆効果だ。あくまで、**適材適所で戦略的かつ刺激的な人事が望ましい。**

私が支社長としてどん底支社を任されたときには、６つあった営業所のうち４人の営業所長を降格または配置転換し、全体を大きくシャッフルさせた。

後々、100名を率いて全国ナンバーワン支社を創り上げることができたのは、この人事の土台によるところが大きい。その刺激策がなければ成り立たなかったと断言できる。

多少の**副作用は想定内だ。それよりも、薬の効き目が麻痺しないよう、常に固定概念にとらわれず、ドラスティックな組織創りを心がけてほしい**ものである。

鬼100則 11

陰でこそこそするな すべてを「見える化」せよ

はるかとっくの昔に、年功序列というエスカレーター人事の時代は終わっている。しかし、多くのリーダーたちは、今もなお、その年功序列という「幻想」の中で働いている。

「昇給評価や昇格人事」において年次が大切なのはわかる。「そろそろ俺の番かな」と期待する部下の順番をスキップしてしまうと、ハレーションが起きる恐れもあるだろう。

可哀相と思うのも人情だが、リーダーに同情は禁物。単なる「時間」を経験するだけなら、息をしているだけでも評価に値するということになってしまう。

評価者であるあなたは、次のように反論するに違いない。「勤続年数だけじゃない。長年の頑張りも評価している」と。なるほど。ところが、この〝頑張り〟がかなり怪しいのだ。〝頑張り〟というよりも「好き嫌い」や「イメージ」で評価してはいないだろうか。

人事評価はメンバー全員が納得するような、あくまで客観的な成果で「見える化」し、判断を下さなければならない。昇給評価や昇格人事に限っては、「好き嫌い」をはさむとろくなことにならない。不信感は、チームの士気を確実に奪っていくからだ。

よって、**具体的に「何をしたのか」で部下を評価するといい。**人事評価が明確な「実績」のもとに実施されたのかどうか、それをよくジャッジしているのは、チームメンバーだ。密室人事は避けたい。大切なのは透明性である。


逆に、「何もしない」部下は降格人事を断行すべきだ。**仕事をしない部下は、粛清に次ぐ粛清でいい。**エスカレーターの踊り場で昼寝している部下を「黙認」するなどもってのほか。ましてや、そんな部下を年功序列や好き嫌いで昇格させることがあってはならない。


たとえば次のように、「見える成果」を公平に評価するのはどうか。

実績はすべて「数値化」して目に見える仕組みにする。評価結果はチーム全体へ堂々と「発表」する。「陰の努力」を拾い上げて次々と公表していく。チームや仲間への「協力・貢献」も評価する。新しい「チャレンジ」を讃える。「ルーティン以外」の仕事を特に評価する。「改善」しているかを基準にする。報告だけで判断せず現場で「事実」を見る。「お客様の声」を評価の対象に加える。上司の上司よりも「部下の部下」からの意見を尊重する。

というように、**目に見えにくい成果についても、それをいかに「見える化」していくのかが、リーダーの〝頑張り〟**なのである。

鬼100則 12

中途半端に放置するな「究極の選択」を迫り背中を押せ

あなたは「和田正人」という俳優を知っているだろうか。NHKの連続テレビ小説「ごちそうさん」で女優・杏が演じる主人公の幼なじみ・泉源太役を熱演したのをきっかけにブレイクするや、民放の人気ドラマにも次々とレギュラー出演し、今や、押しも押される新進気鋭のバイプレーヤーとして大活躍している。

実は、彼を世に送り出すきっかけをつくったのは、他ならぬこの私なのである。

私が外資系生命保険会社の品川支社長を務めていた、2005年にまで話は遡る。

私と和田正人は、上司と部下という関係で一緒に働いていた。

その頃彼は、営業マンとして活躍する傍ら、俳優として密かに芸能活動もしていた。

やがて成績が急降下していくのと同時に、休みや遅刻が増えてきた。彼は舞台の稽古など、俳優としての活動に時間を奪われるようになっていたのだ。

その事実を知った私は、和田正人を支社長室に呼び出し、**「俳優の道をあきらめるか、**

保険営業の道をあきらめるか、どっちにするのか、今ここで決めろ！」と決断を迫った。

すると彼は、「いや、今は決められません。両方の夢を追わせてください」と泣きそうな顔で私に懇願した。

しかし、私はきっぱりと強い口調で、「**ダメだ！　そんな中途半端な思いで続けていても、両方失敗するのがオチだ。本気で成功したいと思うなら、どちらかを捨てる勇気を持て！今、どちらを選択するのか、決断しろ！**」と、彼に告げた。

しばらく、下を向いたまま考え込み、やがて彼は静かに口を開いた。「わかりました。俳優の道を選びます。役者になって必ず成功します」と、私の前で宣言したのだ。

私の思惑としては、彼の口から、「保険営業の道を選びます」と言ってほしかったので、本音を言えば当てが外れた。彼も高収入を捨てるには、覚悟がいる決断だったはず。

あのとき、私が彼の背中を押さなかったとしたら……、和田正人自身が「勇気ある決断」をせず中途半端にごまかしていたら……、今の俳優としての成功はなかったかもしれない。

中途半端なまま放置するのではなく、部下のこれからの人生を一番に考え、どういう選択肢がベストなのか、それを一緒に考えてあげるのが人の道なのではないのか。

決断するタイミングで背中を押してあげるのも、リーダーの重要な責務なのである。

鬼100則 13

太っ腹を装うな金の「無心」は断れ

部下から「借金」の申し出があったとしたら、あなたはどうするだろうか。日々、苦楽を共にしている可愛い部下だ。助けてあげたい。そんなとき、それがかなりの大金であったとしても、優しくて太っ腹なあなたは、ぽんっと気持ちよく貸してあげるに違いない。

この問題、結論から言えば、**貸してはいけない。即断即決できっぱりと断ってほしい。**

ところが普通、これがなかなか断れない。お金を貸してしまうほうが簡単だからだ。その場では「一生、恩に着ます」などと涙ながらに頭を下げられ、感謝されるわけだから、「ケチ」と逆恨みされるよりは、よっぽどましである。

しかしその金は、おそらく返済されないまま滞って催促が必要になり、心のモヤモヤとの葛藤がはじまる。さらには「増額」の申し出にエスカレートしていくケースも多い。

今度はあなたがそれを断ると、「ふん、なんだよ、ドケチ」と憤慨され、**人のいいあなたは、結局、逆恨みされる羽目になるのだ。あなたにその覚悟があって貸すなら貸すがいい。**

目先の資金繰りのことで「心を無くして」いる部下の申し出を受け入れた瞬間、信頼関係は終わりを告げ、債権債務関係へと変貌していく。

リーダーがすべきことはお金を貸すことではなく、**よく事情を聴いた上で、解決策を提示してあげることだ。その部下の生き方や暮らしぶりを改善指導しなければならない。**

たとえば、計画的に返済するための弁護士を紹介する。低金利の金融機関への借り換えを提案する。ハイリスクな投機を引き留める。支出を減らす節約の方法を教える。浪費癖やギャンブル依存を叱責する。地道に稼げる別の仕事を紹介するなど。目先のことしか考えていない困った部下に対して、**現実と向き合うよう「苦言を呈する」ことができるかどうか。それこそがリーダー本来の〝仕事〟である。**

痛い言葉に対し、部下は聴く耳を持たないかもしれない。「大きなお世話だ」と声を荒げ逆ギレするかもしれない。「それよりも、すぐに金を貸してください」と土下座をして懇願するかもしれない。それでも、部下の行動を正すのが、真のマネジメントだろう。

今、貸すことは、むしろ部下を追い詰めることになる。助けることになるとは限らない。お金を貸した一瞬だけ気持ちよくなり、〝いい人〟に浸っている場合ではないのだ。**相手のことを思って「無心を断ること」、それがリーダーからの援助・救済**となるのである。

鬼100則 14

他部署といがみ合うな社内の「横連携」を密にしろ

チーム愛を勘違いしているリーダーがいるようだ。

「俺のチームには俺のチームのやり方がある」と、納得のいかないことがあれば、他の部門長や自らの上長にさえも噛みつく孤高の狼。断固として体制に屈せず、独立独歩のチーム運営が理想だと思い込んでいる。

部下に対しては、崇高な「お客さま第一主義」を徹底教育しているものの、「社内営業」などもってのほかであると、ときには、「社内営業」に長けた部下など人間失格であるかのごとく罵倒するのだ。

たしかに、自らのタスクをまっとうすることもなく、社内で手もみ営業ばかりしているようでは言語道断だが、他部署と「横連携」を密にするアクションは、悪いことではないだろう。「社内営業」と聞くと、妥協して組織に屈するイメージではあるが、「社内営業」は決してゴマスリでもなければ、お偉いさんに媚びることでもない。

決裁権を持つ担当者の承認を得られなければ、部下の業務を有利に進めることはできないし、ぐずぐずと時間をかけていたら、社内の各部署だけに留まらず、社外の取引先に迷惑がかかることも否めない。

関係各部署のご機嫌をとることも重要な任務。ときには行きたくない懇親会に行くことも必要だし、**他部署と「横連携」を密にすることはリーダーとして必須の能力である。あらゆる事前の根回しこそ、「究極のマネジメント術」**でもあるのだ。

部下との関係はもちろんのこと、裏方のアシスタント、経理や広報など肝となる他部門の社員、役員秘書、受付嬢、販売部門、カスタマーセンター、配送業者、清掃員など、彼らへの気配り心配りも、チーム運営を円滑にするための立派な仕事ではないだろうか。

「社内営業は腐った社員のすることだ」と批判をし、自分はオフィスで踏ん反り返って威張るのは、子供じみた自己アピールであり、甘えた心理の表れにすぎない。

そもそも**他部署との「横連携」をマネジメントできない人が、管下メンバーへしっかりとしたマネジメントができるとは思えない。**

「社内営業」とは、社内外の人たちと密なコミュニケーションをとり、理解と協力を得るための〝立派なお役目〟なのである。

鬼100則 15

「小さな病」を放置するな すぐにその場で処置せよ

職場で起こるトラブルや業務上の課題の9割以上は、人間関係によるものだ。誤解や疑心暗鬼、逆恨みや足の引っ張り合い、妬みや嫉み、それらは信頼関係の欠如により勃発する。リーダーというのは、仲間同士のそういった軋轢《あつれき》をすみやかに修復し、バランスよく調整して、日々改善していくことが仕事であるといってもいいだろう。

人間力の未熟なメンバーの〝小さな病〟を診断・治療し、互いの信頼関係をいかに円滑に保っていくのか、それは多くのリーダーの頭を悩ませている課題の一つである。

ただそれらの問題は、元々は些細な諍《いさか》いを放置していたがために、気がついたときにはとり返しのつかない状態に悪化していた、というケースがほとんどなのではないのか。

リーダーはマルチタスクで忙しい。よって〝小さな病〟に気がついたとしても、「まっ、いいか」と、その場から逃げようとする習性がある。

しかし、**その「まっ、いいか」の積み重ねが、チームを腐敗させていく。見て見ぬふり**

は、**リーダーの〝罪重ね〟である。**

どんなに小さな綻びであろうと、首を突っ込み、〝すぐその場で〟是正していくこと。

たとえるなら、「モグラ叩きゲーム」のイメージだ。すばやく次々とモグラの頭（小さな病）を叩き続けなければ、得点ゼロのままゲームオーバーだ。いやはやなんとも、このゲームを日々続けなければならないとは、リーダーとは過酷な商売である。

こうして、小さな病のうちにやっつけておけば、大事件を未然に防ぐこともできる。チームワークを標榜しているほんわかした組織に限って、実際の水面下ではドロ沼化した人間関係が渦巻いていたりするものだ。「アイツとコイツの仲が悪くて困ったもんだよ」と、**他人事のように嘆いている場合ではない。これらはすべて〝リーダーの責任〟である。**

もし、表面上仲よくしているだけで勝手にチームワークが生まれ、貢献の文化ができあがっていく、なんていう都合のいいメルヘンを信じているとしたら大間違いである。

部下を成り行きで放置しておけば、下のほう下のほう、悪いほう悪いほうへと流れていく。「ネガティブ、エゴ、怠惰、嘘、裏切り」が生まれ、行き着く先は〝犯罪〟である。

あなたはこれからも、小さな病に目をつぶり「無法地帯」をつくっていくのか。それとも**小さな病を処置し「本物のチームワーク」を構築するのか。すべてはリーダー次第だ。**

部下の邪心に目をつぶるな 人を信じて行動を「疑え」

不祥事件が発覚し、メンバーの中に疑われている部下がいたとしよう。このままでは解雇に相当するような重い処分は免れない。そのときあなたはどのように感じるのだろうか。愛する部下を心から信頼しているあなたであるならば、「うちの部下に限って、そんなはずはない。何かの間違いだ」と、事件の真相が明らかになるまで、部下を信じて疑わないはずだ。しかし、真実はときに残酷だ。あなたの部下は処分されたとする。

いったい問題は何だったのか。今さら、あなたが部下を責めたところではじまらない。すでに重い処分を受け、猛省している。

そう、**問題はリーダーである「あなた」である。**

もしかするとあなたは、事件が起こる前に、そのことを予測できたにもかかわらず、「うちの部下に限って」と、疑うことをしていなかったのではないのか。

あなたがリーダーとして、事前に何も手を打っていなかったことを猛省してほしい。

これといった対策を講じなかったあなたが、事が起こった途端に、「あいつがそんなことをするやつだったなんて。裏切られた」と言う資格はない。

日常の「事実」を把握しようとしないリーダーは無責任極まりなく、**「信じる」という美しい言葉を乱用して、手を抜いているのである。**

もういい加減に、信用・信頼などと、耳障りのいい言葉を巧みに使い、気持ちよくなっているだけのリーダーは卒業してほしい。部下を疑ってあげることも思いやりなのだ。

部下のあらゆる可能性を「疑い」、事前に対策をとっていたなら、その事件は防げたかもしれなかったのだから、部下の将来を奪い、不幸に導いたリーダーの責任は重い。

もちろん、部下を「一人の人間」として信じきることは否定しない。それはそれで美しい。

しかし、人間は弱い動物だ。目先の欲望に負けてしまうこともあれば、邪心から魔が差すことだってある。**疑って、心配して、確認して、見守って、助言して、という徹底した事前対策が必要**なのだ。

愛する部下を疑って生きなければいけないなんて、リーダーとは辛い稼業である。

それでもなお、**人間としての部下を信じきった上で、行動のみを疑う**という行為は、愛あればこその「リーダーの責任」なのである。

鬼100則 17

似たもの同士をまとめるな個性と「品格」を結集させよ

チームというのは、リーダー自身をそのまま映し出す「鏡」である。リーダーが明るく元気でポジティブなら、部下も明るく元気で、チームに活気を与えていく。リーダーが真面目で働き者なら、部下も真面目によく働き、勤勉な文化が構築されていく。リーダーが目標達成型なら、部下もあきらめずに目標に向かっていき、成果を上げ続ける。

反対に、リーダーが陰湿な性格だと、部下もおとなしく、暗くなっていく。リーダーに覇気がなければ、部下のモチベーションも上がらず、組織の腐敗が進行していく。リーダーがネガティブなら、部下からも後ろ向きな発言が増え、陰口・悪口などが横行しはじめる。

チームの品格とは、まさにリーダー自身の人格そのものなのだ。「善悪の判断とは関係なく」リーダーの人格に違和感を覚える部下は自然に離れていくし、リーダーの人格に引き寄せられた部下たちは、共にチームカラーを形成していく。まさに**鏡のように、リーダーのメンタルや言動、パーソナリティーがそのままチームの〝品格〟になっていく**のだ。

だからといって、私は別にリーダーと「似たもの同士」を集めて、仲よしクラブをつくれと言っているわけではない。**スキルや持ち味などは、さまざまな強み弱みを持ったメンバーが集まっているチームのほうが、大きな力を発揮する**こともある。

その昔、ジャイアンツがフリーエージェントで４番バッターばかりを集めたチームに編成したときにはまったく勝てず、下のクラスに低迷した。やはり、適材適所でその役割を担う部下がそれぞれの力を発揮するチームが強くなることは間違いないようだ。

野球にたとえるなら、足の速い選手（＝行動力）、守備の上手い選手（＝確実性）、勝負強い代打の切り札（＝洞察力）、一発で大量得点をあげる長距離砲（＝営業力）、ピンチを抑えるリリーフ投手（＝問題解決力）、データを集めてリードする捕手（＝分析力）、チームを盛り上げるムードメーカー（＝推進力）、チームをまとめるキャプテン（＝統率力）など、能力や持ち味はバラバラでもかまわない。

リーダーの人格の元にチーム全員がつながっていればそれでいい。そのために、リーダーと同じ人格ＤＮＡを受け継いだ「チルドレン」を育てるのだ。

リーダーの人格に引き寄せられたチームメンバーが心を一つにして決起し、チームに「品格」をつくっていくのである。

鬼100則 18

競争心を刺激しすぎるな「貢献し合う文化」をつくれ

私が長く経験を積んできた生命保険営業とは、プロの世界だ。よって、一般のビジネスマンのように、リーダーの指示に〝素直〟に従ってくれることはあまりない。「わがままな集合体」だ。主体性も人一倍強いし、競争心や目標を達成する意欲もケタ外れに高い。半端ない負けず嫌いの集まりである。では、そんな彼らだからといって、リーダー不在で好き勝手に放任していればいいかというと、決してそうではない。

やはり、リーダーの統率力とマネジメントが必要不可欠なのだ。放っておいたら生産性は下がる一方。一部の猛者を除いては、ほとんどのメンバーの成績は落ちていく。

個人成績だけで勝ち負けを競わせるというやり方には、もはや限界がある。むしろ**競争や上昇志向が行きすぎるとチームの輪を乱す**ことになりかねない。ランキングなどというものは、所詮、人との比較にすぎないのだ。人と比較ばかりしていると、いったい、自分は何を基準に働いているのかわからなくなるものだ。

そこで最終的に行き着く目標は、最大のライバルである自分自身に勝つこと、それが基準となる。そしてさらに意外や意外、**「仲間を勝たせること」、それもまた、彼らの大きなモチベーションとなる。そう、いわゆる「チームワーク」である。**

貴重な情報を独り占めすることなくライバルにも提供する。苦労して磨き上げたスキルを惜しげもなく仲間にシェアする。メンバーの成長を助け、チームの成功を喜ぶ。

そうして勝たせることが喜びになっていけば、最強のチームができあがる。

まさに、**リーダーはその筆頭となって部下を勝たせること。**つまりは、チーム全員がそのようなリーダーシップを発揮する集団に育っていけば無敵となるのだ。

勝たせる＝貢献である。「仲間への貢献」が文化になったとき、その場所には、心美しき女神が降臨する。「自分だけがよければいい」という個人主義のチームが、活躍し続けた例は聞いたことがないだろう。それは会社であろうと、スポーツであろうと同じだ。

社会への貢献、組織への貢献、仲間への貢献というチーム文化が創り上げられたとき、「自分自身への貢献」という飛躍的な成果を挙げることができるのだ。

リーダーの役割とは、そのように仲間で支え合う一体感をつくること。**「本当の喜び」を志にすることができたチームには、とてつもないエネルギーが生まれる**のである。

鬼100則 19

「向き不向き」を決めつけるな 憧れのリーダーたれ

リーダーになりたがらない若手社員が増えている。「責任は重荷だ」「時間が窮屈だ」「向いてない」という後ろ向きな気持ちで「リーダーなんてごめんだ」と背を向けている。

なぜ、そのような部下が増殖しているのか。その理由は彼らのそばに、魅力的なリーダーがいないから、である。「最近の若手は、まったく上昇志向がない」と嘆いている、まさにそのリーダー自身が元凶なのである。

本来なら憧れて目標にするべき目の前のリーダーの姿がまったく輝いていないばかりか、ひたすら義務をこなしているだけの日々に疲れて覇気がない。そんな陰気臭いリーダーと毎日接していれば、部下が失望してしまうのも無理はないだろう。

であるならば、「そんなリーダーになりたくない」というのは、健全な感性と判断力を持ち合わせていることになる。ということは、**リーダーに向いていないと思っている人こそ、実はリーダーに向いている**ともいえる。ダメ上司を反面教師にして**「俺が代わってや**

ろうじゃないか」と奮起する反骨精神を持てる人こそリーダーとして大成するのだ。実は、私もリーダーになりたくなかったうちの一人だが、やがて自分なりに積み重ねてきた経験をチームで分かち合いたいと思えるようになった。

何よりも、**リーダーと部下とは「役割分担」である**ということも学んだ。プレイヤーもリーダーも互いにその道のプロ。お互いの立場を尊重しながら、それぞれの目標達成に向かって、力を合わせていけばいいのだと。そんなリーダーを目指そうと思った。

私が営業所長になったのは32歳、支社長になったのが36歳。年上の部下もたくさんいた。上から目線での指導などできるわけもなく、徹底的に「リーダー本来の役割」を楽しんだ。だからだろうか、私の営業所や支社には、「リーダーになりたい」という部下が圧倒的に多かった。伝説的なナンバー1支社になれたのも、**リーダーを目指す候補生たちが私と同じ目線でチームをまとめるサポートをしてくれた**おかげだ。

個人事業主の集まりである生保業界の組織においては、異例のことである。大半がリーダー志向だったチームというのは、あとにも先にも見たことも聞いたこともない。

その〝原動力〟が数多くのＭＤＲＴ※を輩出し、連続で全国チャンピオンの表彰を受けるまでに発展することができた「勝因」であったと、今でも信じている。

※Million Dollar Round Table の略、トップ数%の生保営業が集う世界的な組織

仕事を「抱え込むな」部下に任せろ

実は私、「面倒くさがり屋」の怠け者である。私のできる仕事量などたかが知れていて、ほどよい限界を知っている。だから、部下に頼らないと生きていけないし、仕事もはかどらない。部下を「信じて任せる」ことで今の地位を築いたと言っても過言ではないだろう。

もしあなたが頑張り屋のリーダーであるなら、仕事を抱え込む癖はないだろうか。しかし、所詮、リーダー単独でこなせる仕事量には限度があるのだから、自分個人の力を過信せず、たとえハイレベルなミッションであっても、どんどん部下に任せたほうがいい。

頼れば部下も意気に感じてくれるし、**何よりも仕事を任せることで部下は成長する。**

あなたが任せられないリーダーだとしたら、きっと部下を信じきれていないのだろう。だから我慢できずに、自分でさっさと仕事を片づけてしまうのだ。

まずは、右腕左腕のみならず、千手観音のように腕を増やすイメージで参謀に抜擢しまくってみてはどうだろうか。その場合、**なぜその仕事を彼に任せたのか、堂々と全メンバー**

の前でも公表できる明確な〝建前〟がなければならない。

陰でこそこそと密約を結べば、すぐに見抜かれチームメンバーの不信感を生みかねない。

「この優良顧客マーケットは営業成績トップであるA君に担当してもらいたい」

「このプロジェクトリーダーには女性目線のコンセプトでBさんを指名したい」

さらに、本人に対しても「君を選んだ理由」の説明が必要だ。その仕事の重要性や将来性、チームへの貢献度など、やる気にさせる要素をできるだけつけ加えること。**部下にしっかりと「意味」を納得させることが、仕事を任せる第一歩**である。

そして、任せた仕事が成功したときには、感情をこめて喜んであげてほしい。まるで自分のことのように狂喜乱舞しなければならない。もし、任せた仕事が失敗に終わったときの責任はリーダーがとってほしい。安心して失敗できる包容力で見守ることである。

そうやって口を挟まずにとことん「任せきる」姿勢を貫くことができれば、経営判断や戦略立案など、リーダー自身にとっても本来取り組むべき仕事に集中できる。

本当に「リーダーしかできない仕事」だけに専念すれば、千手観音的右腕左腕リーダーは、次世代リーダーとなって次々と巣立っていくだろう。

あなたのＤＮＡは「任せる」ことで増殖していくのだ。

鬼100則 21

一人で解決に向かうな「次期リーダー」を巻き込め

リーダーが優秀であればあるほど、チームメンバーはリーダーに依存する。もちろんリーダーが頼られること自体、悪いことではないのだが、それではいつになっても部下は自立してくれない。ましてや、そのリーダーを超える次期リーダーは育たない。

「俺は優秀だが、部下は無能ばかりだ」などと思い上がり、部下を見下しているリーダーがいるが、それこそ、無能なリーダーの代表例だ。

そのようなリーダーは、次期リーダーを「育てない」という指導をしている。しかし、保守的で自己中心的なリーダーは、所詮そこまでだ。運がよければ、なんとか現状維持だが、たいていは淘汰されていく。**次期リーダーづくりの大原則というのは、リーダー自身がさらに次のステージへと成長し、昇進・栄転・独立するという前提に立っている。**

にもかかわらず、情報を独り占めし、スキルは伝授せず、ひたすら部下を潰していく。それでいて、次期リーダーの育成に悩んでいるというのだから、事態は深刻だ。「次期リーダーがいない」のではなく、あなたが次期リーダーを発掘し育てようとしていないのだ。

やがて部下があなたと同格のポジションにまで出世を果たし、ライバルとしてあなたの地位を脅かす存在になったとしても、それを歓迎しなくてはならない。**部下があなたの役職を追い抜いて、あなたの上司になったとしても祝福しなくてはならない。**

これからは次期リーダー候補に何でも相談してほしい。

革新的な業績不振の打開策、新たなマーケット戦略、新商品の開発アイデア、販促キャンペーンの施策、人事改革についての意見交換、新プロジェクトの推進案など、チームが抱えている課題すべてを次期リーダー候補と共有し、一緒に〝歩んでいく〟。**あなたのリアルな意思決定や、あなたの生々しいマネジメントを共に体験させる**のだ。ナレッジ、スキル、マインドのすべてを一体化させ、惜しげもなく骨の髄まで伝えるのである。

こうして共有することで依存体質から脱却させることができ、信頼関係も強固になる。

「一緒に創ったこの起死回生の戦略を引っ提げ、次の勝負に出る。必ず成功させよう！」

このように、**次期リーダーと共にワクワクする企てを立案・計画・実行していく**のだ。

巻き込めば巻き込むほど、次期リーダーは育っていく。部下の成長のために、時間と労力を惜しむことなく、情熱を持って巻き込んでいくのである。

鬼100則 22

秩序の乱れを許すな
喝を入れて「規律」を正せ

全国最下位に低迷しどん底に喘《あえ》いでいた組織の支社長として赴任した当時、**私がはじめに起こしたアクションは、ただひたすら「喝を入れる」こと**だった。

そう聞いて、あなたが今、訝《いぶか》しく感じている通り、このやり方には大きなリスクがある。厳しい恫喝は、初対面の支社メンバーにいきなり嫌悪されてしまう恐れがあるからだ。一旦嫌われたら、その関係は修復不能に陥り、孤立無援になりかねない。

しかし、リスクを恐れ、「非常識な愚行」を放置すれば、リーダーとして舐められ、ますます始末に負えなくなる。といっても、私はその牽制として部下に喝を入れたわけではない。組織内に欠如していた**「規律」を徹底させるため**だった。

その頃の支社メンバーは、業績がどん底であったにもかかわらず、仕事の成果と向き合ってないばかりか、まったくといっていいほど「秩序」が保たれていなかった。

許可なく勝手に直行直帰する者、挨拶もできない者、整理整頓ができない者、長々と私用電話をかけている者、酒の匂いをさせ二日酔いで遅刻してくる者、オフィスのデスクで寝ている者、服装や頭髪が乱れマナーやエチケットに違反している者など、とても金融機関のオフィスとは思えない環境だった。

私の役割をたとえるなら、学園ドラマの設定でよくある、荒れはてた学校に赴任してきた初日の熱血教師だと想像してもらえればわかりやすいだろう。当初は、数分おきに喧嘩腰で恫喝していたのではないかと思うくらい、毎日、「喝」を入れまくった。

するとどうだろう。魔訶不思議なことに、**「規律」が改善されたことと比例して、驚くほどに業績もうなぎ登りとなり、名実共にチャンピオンチームとして表彰を受けるまでに成長していった**のだ。リーダーの「喝パワー」次第で、ここまでチームが変わっていくこともあるという好事例だろう。

当時のメンバーは、元々ビジネスパーソンとしての素養は高い部下たちばかり。そんな彼らに規律や秩序の〝筋〟が通ったおかげで、まっすぐな人間力が向上していったのだ。

彼らは**元々、理屈ではわかっていたに違いない。何が正しくて、何が間違っているのかということを。だからこそ、愚行を正してくれるリーダーを求めていた**のだ。

いつの時代も、堂々と喝を入れてくれるリーダーを、部下は〝渇望〟しているのである。

「半休」は認めるな 終日休ませろ

ある部下から「今日は朝から頭が痛いので午前中は半休させてください」という連絡が入ったとしよう。普通は「了解。おだいじに」で終わってしまう話かもしれない。

しかし、**ガンガン踏み込む〝鬼流〟は次のようになる。**「それは大変だね。だったら、今日は丸一日休んだほうがいい」とゆっくり休むように気づかい、部下を試す。本当に具合が悪く無理をして出勤しようとしている部下であれば、休ませてあげたほうが本人のためだ。一方で、**単なる二日酔いのズル休みや寝過ごした遅刻の言い訳**という場合もある。

後者の部下は必ず「いえ、午後からは大事な打ち合わせが入っているので休めません。無理を押してでも出社します」と言うが、断固として阻止しなければならない。

「絶対にダメだ。半休するほど具合が悪いのに無理をして倒れでもしたらどうするんだ」

すると部下は「午後からは出社しないと、今日はいろいろ忙しくて仕事が溜まっているんです」と食い下がってくるが、ここでも断じて許可しない姿勢をとることが肝心だ。

「それでも、ダメだ！　絶対に出社することは許さない。終日、ちゃんと休みなさい」

部下が気まずそうに「お願いです。今日中に提出しなきゃいけない書類もあるし……。出社させてください」と懇願してきても屈してはならない。「いや、ダメだ」「午後であれば回復しますから！」「絶対、ダメだ」「一日休むほど具合は悪くないので大丈夫です」。

このように、押し問答になったら、こうズバリ部下を諭すのである。

「ゆっくり一日体を休めて、万全の状態で明日一日を元気に働くのか。もし、無理して午後から出社できる〝元気〟があるなら、朝から出社しなさい。朝礼や早朝会議だって午後の業務と同じように大事な仕事なんだ」

これは部下のためである。本人にも、チーム全体にも「甘えた怠け癖」がつかないようにという、愛を込めた〝小さな戦い〟だ。たかが半休、されど半休。事前に申し出のあった半休であれば問題ないが、当日の連絡は「何かある」と疑ってあげたほうがいい。

午後に緊急な仕事が入っていない部下であったとしても、**寝過ごしただけで丸一日休むことに〝後ろめたさ〟を感じる**のが普通だろう。よって、この「踏み込んだ指導」を徹底していくと、半休も遅刻もなくなっていくというわけだ。

甘く見ないほうがいい。こんな些細な規律の綻びからチームの衰退がはじまるのである。

油断するな信頼できる「忍び」を放て

キレイごとで済むなら警察はいらない。たしかに、愛は地球を救うし、愛はチームを救う。しかし、リーダーの愛だけではどうにもならない「闇」がある。稀に追い詰められた反乱分子がテロを起こす。チームが巨大になればなるほどそのリスクは高まるのだ。立派で清廉潔白なリーダーであっても、いや、そうであるからこそ、罠にかかることもある。いつなんどき「刺されて」もいいように、脇を締めてかからねば、いったいどんなことから破滅の道へと堕ちていくかわからない。

念のため忠告しておく。**それぞれの部下とそれ相当の厚い信頼関係を構築した上での話であるが、「諜報部員」を一人でも多くチーム内へ放っておくといい。**

「忍び」と呼んだら、当人たちに失礼だろうか。あくまで、円滑に組織運営を行うための〝正義の使者〟として、いい意味での「００７」の役割を買って出てもらうのだ。

もちろん、リーダー個人への不穏な策略のみならず、チーム内のあらゆる諸問題、裏情報、不平不満、ゴシップ、トラブルなど、生々しいネタを集めておきたいものである。**どんなに些細なことでも報告を受け、事前に情報をつかんでおけば、社内テロを調略したり、噂の元を叩くために先手を打つ、という動きもできる。**

たとえば、会社資金の私的流用事件が起こる前に、部下の借金や交友関係、徐々に生活が派手になっていく情報が入っていたら、未然に防げる可能性も高まるかもしれない。

諜報活動の際、気をつけてほしいのは、「忍び」に裏切り者のレッテルを貼られ、チーム内で孤立無援にしないこと。**情報源は決してバレないように守りきらなければならない。**

逆に最悪なのが、リーダーはいつだって何も知らない、誰も何も報告しようとしない、リーダーの耳には何一つ入ってこない、という〝裸の王様〟状態である。

これほど恐いことはない。**常に事件の火種を抱えているのが組織というものだ。**

「うちのチームに限っては何の問題もない。いたって安泰だ」などと呑気にボーッと生きているリーダーは、裸の王様を通り越して、もはや〝バカ殿〟である。

リーダーだからこそ、何か先手を打って防ぐことのできた事案もあったのではないだろうか。最後の最後になり、大事件として発覚し、とり返しのつかないことになってからでは「あとの祭り」なのである。

平穏を恐れろ「クレイジー」にかき回せ

とかく冒険を嫌い、無難に無難にというリーダーは、安全策に次ぐ安全策で、常にブレーキをかけっ放しだ。たしかに、平穏無事な運営を続けるに越したことはないが、「動かざること山の如し」も度をすぎると〝はげ山〟になってしまう。「リスクをとれ」とは百万年前から言われていることだが、肝っ玉の小さいリーダーには困ったものだ。

業績悪化により、士気は低下しているにもかかわらず、守りの姿勢は一向に変わらない。何とかならないものかと、暗中模索で四苦八苦しているが、そのリーダーは四面楚歌、もはや八方ふさがりの状態である。

それでもなお、窮地を脱出するために一か八かで勝負を賭ける、という発想はゼロだ。そもそもチーム運営というのはギャンブルみたいなもの。もっと言えば、人生そのものがギャンブルなのだ。一発勝負をかけるときにかけないと、勝機どころか脱出口さえも見出せないのではないのか。

こうなれば、**もっとクレイジーに暴れ回ってほしい。**織田信長のように「うつけ者」と罵《ののし》られようと、暴れ馬のように、狂喜乱舞して、チーム内をかき回してほしい。「うおーっ」と吠えて、全力でオフィスを走る回るイメージだ。**チームメンバーが、パソコンとおっとり寡黙に向き合ってはいられない空気へと、変えていけたら成功**である。

どうせこのままでは、このチームは「堕ちていく」だけだ。あなたもリーダーとしての真価を問われる段階なのではないのか。それなのに、何とか上手くいく最善の解決策はないだろうかと、いつまでもうじうじと振る舞っていても、何かが大きく変わることはない。

チームメンバー全員が、「えーっ」と声を上げてどよめくほどの方針を打ち出してほしい。そんな破天荒な行動を起こすべきだ。破れかぶれになるときがあってもいいのである。

「いったい、最近のリーダーはどうしたんだろう？ 何かあったのではないか」と、部下がざわつきはじめたとしたら、しめたものだ。反発もあるだろう。失敗もあるだろう。撤退せざるを得ないこともあるだろう。そのときには、「いったい、それがどうした？」という暴走列車のような態度をとっておけばいい。もはや誰にも止められはしないのだ。

きっとそこから〝何か〟が動き出す。少なくとも、平穏無事ではいられまい。

第 2 章

Coachings
～鬼コーチング～

他者に貢献することは、
この地球でのあなたの居場所に払う家賃である。

モハメド・アリ

今日の目標は、明日のマンネリ。

ネイル・ドーデン

誰かを愛するということは、たんなる激しい感情ではない。それは決意であり、決断であり、約束である。

エーリッヒ・ゼーリヒマン・フロム

鬼100則 26

部下を殺すな「依存心」を一掃せよ

深層心理の観点から、部下が育たない要因を掘り下げてみよう。**大きく分けると、それは2つある。「リーダーが優秀すぎる」かまたは、「部下が優秀すぎる」場合である。**

「リーダーが優秀すぎる」チームは、リーダー一人に依存しすぎてしまうあまり、部下が成長しない、という弊害が生まれる。部下が「尊敬するリーダーのようになりたい」と、リーダーを目標にし、成長してくれればいいのだが、しばしばその逆が起こり得る。

なぜなら、リーダーが優秀すぎるあまり、チームメンバーに〝依存心〟が根づいてしまうからだ。優秀なリーダーは、これでもかこれでもかと力を誇示し、チームをまとめていく。まさにその姿は眩しく輝いている。**心酔する部下には「逆立ちしたってリーダーにはかなわない」という諦念とともに、「この人に一生ついていきたい」という〝依存心〟が大きく膨らんでいく**のである。

そうなると、残念なことに、依存型のチームメンバーは成長を止める。教えてもらうばかりで自分で学ぼうとしないし、自分一人では何も決められない、という脆弱なチームができあがる。部下はそんな「優秀なリーダー」を目指すよりも、今のリーダーに気に入られるために、**永遠に〝優秀な奴隷〟であることを目指そうとする**のである。

だから、いつまで経っても「自立」できないわけだ。いい気になって「俺について来い」とばかりに〝素っ裸の王様〟を気取っている場合ではないのだ。

逆に、「優秀すぎる部下」がいると、表面的にリーダーはその優秀な部下を育成しようと関わるのだが、無意識下において**「成長を望んでいない」という弊害が生まれる。**

深層心理において二人は、もはやリーダーと部下ではなく、対等のライバル関係に陥り、張り合っているからだ。**劣等感を持つリーダーは、「優秀な部下」であることは望んでいるが、「優秀なリーダー」として部下が育っていくことには、恐怖を感じている**のである。だから、部下の成長を抑え込む。そして、部下を殺す。

どちらにせよ、こんな複雑怪奇な心理戦を繰り返しながら、チームが成長・拡大していくはずがないだろう。あなたも胸に手を当てて考えてみてほしい。自分は大丈夫と思っているあなたこそ、気づいていないのかもしれない。

この機会に、**心の底にある「自己中心性」と、とことん向き合ってみよう**ではないか。

鬼100則 27

言葉にだまされるな「顔」を見て心の内面を探れ

部下の〝内面〟が最も出やすいのは「顔」である。

おもしろいほどに現状が「顔」に出る。順風満帆な部下は、目がキラキラ輝いているし、何より、表情が生き生きと楽しそうだ。一方、問題を抱えている部下の目は死んでいる。まるで魚の死骸のような目をした部下もいるし、ときには、犯罪者のような〝悪い顔〟になっている部下もいるから、よくよく注視してほしい。

日々、部下の「顔」は変化している。美形の顔に惑わされてはいけない。とり繕った表情や言葉にだまされてはいけない。笑顔だから大丈夫というわけではなく、それは作り笑いなのか、苦笑いなのか、はたまた、せせら笑いなのか。リーダーは常に細心の注意を払い、部下の〝鬱の笑顔〟の内面を窺ってほしいものである。

私は今も、数十人、数百人の部下たちを前にして、訓話を行ったり、研修講師を務めたりすることが多いのだが、演台からメンバーを見下ろすと、〝悪い顔〟をした部下はすぐにそれとわかる。「ああ、きっと今、闇を抱えているのだろうなぁ」と心配になり、それとなく彼の直属の上司に近況を聞いてみると、案の定、何かしらのトラブルを抱えていたり、後ろ向きなマインドでパフォーマンスを落としていることが多い。

しかしながら、〝悪い顔〟の本人と直接話してみると、上手にとり繕い、「ああ、意外と元気だし、大丈夫そうだな」と思わせてくれることがある。この演技に多くのリーダーたちは、だまされていく。**〝悪い顔〟をしながら「前向きな発言」をする部下も少なくないからやっかい**なのだ。

リーダーというのは、どうしても、〝顔〟より「言葉」のほうを信じてしまう傾向があるようだ。信じて安心しているほうが楽だから、主演男優賞、助演女優賞並みのセリフにコロッとだまされてしまうのだろう。部下もいたって悪気はない。ただの〝自己防衛本能〟だ。後ろ向きな内面にずかずかと踏み込んできてほしくないから、とり繕うのである。

だからどうか、**言葉よりも「顔」を見てほしい**。そして、「ＳＯＳのサイン」を見逃さずにキャッチしたら、すみやかに、サイレンを鳴らして踏み込み、部下が抱えている問題と直面するべきだ。**犯罪の抑止は、早ければ早いほどいい。とり返しのつかない〝悪人〟になってしまう前に、更生へと向かわせることで**ある。

鬼100則 28

自慢するな「自戒」しろ

部下が辟易しているリーダーの致命的な悪癖の一つに、「自慢大好き」がある。

いかに自分は優れていて、どのように出世してきたのか、いかに資格を持ち、どれだけ教養があるのか、いかに豪華なマンションに住み、どれだけの資産を持っているのか、いかにゴルフや釣りがうまくて、どれだけのスコアを出し、どれだけの巨大魚を釣り上げてきたのかなど。**過去の「武勇伝」を、延々と語ってしまう**のだ。

部下はウンザリしながらも我慢して聞いてくれ、「すごいですねぇ」と持ち上げてくれることもあるだろう。さらにアルコールが入れば、自慢話はさらにエスカレートしていく。「あの～、その話を聞くのは、もう100回目です」とは、口が裂けても言うことができない。毎回、部下ははじめて聞くかのようなリアクションでうなずかなければならないから、これはもう拷問以外の何ものでもない。

自慢話が我慢できないリーダーというのは、自己評価が低い。その**「低い自己評価を上**

げなくては」という深層心理の不安や恐怖から、コントロールが効かなくなるのだ。だから、ついつい自慢してしまう。自慢なんてしたところで、部下から軽蔑されてしまうだけなのに、どうしても我慢することができない。

一方で、**自分自身を尊敬している人は、自慢する必要がない。**部下からの称賛など期待せず、本当の自信を持っているので、部下の自慢話にも喜んで心を傾けることもできる。

しかし、〝コンプレックス・リーダー〟は、それに耐えられず、自分の自慢話をかぶせてしまう。「いや、オレなんかさあ、こんなことやこんなことも……」と続く、例のアレである。どれだけその自慢話が疎まれているのか、部下の〝心の失笑〟に気づいてほしい。

もうこれからは自慢をやめ、ここは一旦「自戒」するべきだ。

反対に、意識して部下の情報収集に専念するといい。そう、むしろ部下の自慢話を引き出すのである。

自分の話は封印し、「最近、何かいいことあった？」とか、「今までの人生で一番感動したことって何？」、またはダイレクトに「君の自慢話、聞かせてよ」でもいいだろう。

「部下の自慢話は、自分の自慢話そのものである」というレベルまで共感し、目を輝かせて聞き入ってほしいものである。

鬼100則 29

放任するな密に関わり「コミット」せよ

意外にも、理想的なリーダーとして現場で祀り上げられているコーチングスタイルというのは、「放任主義」である。都合よく言い換えれば、主体性を重んじ、自主性を育て、部下自らの意志により、率先して仕事を創造せよ、というわけだ。

「指示待ち人間になるな!」と〝指示〟し、自発的に動くことを強要している。

ところが、「俺のチームは、放任主義だ。言われて動く奴なんて一人もいない」などとカッコよく豪語しているものの、結果は散々な生産性である。

結局、リーダーが望むように、部下は動いてくれず、口を開けて「エサ」を待っている〝金魚〟ばかり、というのが実態なのである。勝手に動いてくれるのは、せいぜい2割の部下がいいところだろう。万が一、本当に主体的なメンバーが10割だとするなら、リーダーなど不要である。存在する意味がない。形ばかりのお飾り管理職にすぎなくなる。

私に言わせれば、〝自主性の尊重＝無責任〟である。大概のリーダーは、**楽をしたいが**

ための「言い訳」として、放任主義や自主性の尊重という大義名分を掲げているだけであって、本気で部下のことを思っているリーダーは少ない。

そうなればもはや、チームはバラバラだ。**放任が続けば「帰属意識」は著しく低下していく。**笑い話のようだが、主体性のある優秀な部下であればあるほど、転職先（または転属先）を探しはじめるものだ。

やはり、常に個々の部下とは密に関わり、「握って（コミットメント）」おかなくてはならない。そう、共に目指す「目標」をだ。ただ目標といっても、大きなゴールでなくともかまわない。**「いつから」「何を」「どうやって」スタートさせるのか。**ゴールというよりも、むしろ「スタート」を握り（コミットメント）、強く意識させておきたい。

そうやって**一歩目のスタートダッシュを「握る（コミットメント）」ことで、短いサイクルでの「振り返り（フィードバック）」が可能となり、約束をうやむやにされなくなる。**ありがちなのが、「握り合ったゴール」をリーダーが忘れてしまうことだ。もちろん、部下の意識も遠のいている。互いに目標を〝放任〟してしまったら意味がないだろう。

とにもかくにも、日々部下と関わり、一歩一歩踏み出してもらうことだ。「部下の自主性」の背中を押すのがリーダーの仕事であるなら、**放任主義は「手抜き」なのである。**

鬼100則 30

形式だけの面談はやめろ「おもてなしレビュー」で再生させよ

これからの時代、どれだけＡＩが発達・進化しようと、どれだけ働き方改革が推進されようと、リーダーと部下との関わりは深ければ深いほどいい。それは百年先までの「鬼原則」であると言いきれる。だって〝人間同士だもの〟。むしろ、ＡＩの先に残るビジネスの課題は、リーダーと部下とのコミュニケーションだけだと言っていいのかもしれない。

そこで、提唱したいのが、先回りした気遣いや思いやりがたっぷり詰まった「おもてなしレビュー」である。どうだろうか。これは古きよき「日本人リーダー」にしかできない〝匠の技〟ではないのか。そう、**「おもてなし」こそが〝人心を掌握〟する**のである。

「あなたは思いやりがあるリーダーですか？」と聞かれたら、ほぼ１００％近くの人がイエスと答えるだろう。自分では目配り気配り心配りのできるリーダーだと思っている。

しかし、**具体的に何をしているのか**、**定期的に何をしているのか**、と聞くと、ほとんどのリーダーがまともに答えることができない。そもそも一般的な組織では、形式的な年間評価の中間レビューを半年ごとに実施する程度なのではないだろうか。

私の場合は、周期を「速く」回そうと決め、徹底して「深掘り」も心がけた。**最低でも週に1回ないし2回は曜日や時間を決めてチームメンバー全員と個別に面談を実施**してきたのだ。それはもう「例外なく」である。あの人はベテランだからとか、あの人は成績がいいからとか、今週は忙しそうだからとか、特別扱いは一切しなかった。その綿密な準備と他の業務へのシワ寄せのために、オフィスに泊まり込んだこともあったほどだ。

リーダーは**全身全霊で部下と対峙し、個人個人の事情や特性をすべて理解した上で、精一杯の「おもてなし」を実行しなくてはならない**。毎度、同じような話ばかりではあきられるし、煙たがられてしまう。それでは本末転倒、何のために実施しているかわからない。だから決して形式に囚われず、追求すべきは〝質〟である。リーダーは**愛のあるコミュニケーション術を駆使して、チームのコンシェルジェを目指す**のだ。

悩みの深い部下にはカウンセリング、もっと成長してほしい部下にはコーチング、仕事に貪欲な部下には秘伝のティーチングが必要だ。

レビューには、講評、点検、再考、復習、評価、精査という意味がある。その都度、**「おもてなしレビュー」という極上のサービスを提供し、部下を〝再生〟させる**のである。

鬼100則 31

同意を求めるな「合意」せよ

部下との対話中に、論点がズレていくことがある。同じテーマについて話し合っていたはずなのに、それぞれの「角度」が違うことが原因で、話し合いのゴールが見えなくなってしまうのだ。

リーダーの主張も正しい。部下の主張も正しい。それが、お互いの話が平行線ならまだしも、方向性の違いが生まれ、大きな溝をつくってしまうのは、なぜだろうか。

対話の中で、リーダーが部下へ強く同意を求めれば、部下のほうは、何となく違和感を覚えながらも、「はい、はい、わかりました」と、それなりに対話は進んでいくだろう。

しかし、しばらくして、方向性の違いに気がついたリーダーは「そういうことを言っているわけじゃないだろ。今までいったい何を聞いていたんだ！」と、イライラを爆発させてしまう展開となる。そして、その溝は越えられないほどに深く大きく掘られていく。

このような意見の食い違い、ボタンの掛け違いに、思い悩んでいるリーダーはいないだろうか。もちろん、最初はお互いの話に食い違いがあってもいい。その食い違いを修正し、最終的には方向性の合致したゴールを定めていくのが、コーチングの本質だ。

ではなぜ、毎度毎度、こんな食い違いが多発するのだろうか。

その答えは、**あらかじめ「決断の合意」というゴールを設定しておかないから**である。

誰もが、「自分は正しい」と思って正当性を訴える。それはリーダーも部下も同様だ。

だからこそ、対話をはじめる前に前提条件とその流れを整理しておかなければならない。**最大のテーマや課題は何なのか、対話する目的や理由は何なのか、今日のゴール（決めごと）は何なのか**、というように、事前にメニューを開き、「本日のコース料理」をオーダーしておくのだ。

少なくとも、中華でいくか、フレンチでいくか、コースを決めておけば、最後の最後で、杏仁豆腐にするのか、マカロンにするのか、デザートで揉めることもなくなる。

よって、**対話前に「決断の合意」を行い、認識を合わせておくことが、絶対条件**になってくるわけだ。

「今ここで、何を決めるつもりで話し合おうとしているのか」という〝決断の合意〟が、常に必要不可欠なのである。

イメージで決めつけるな
データを通して「事実」を見ろ

数字というのは、本当に便利だ。なぜって、「答え」がそこに詰まっているから。

ただ、数字は数字でも、マネジメントを誤らせるのは、「過去の実績」だ。**過去の実績が抜群によかったからといって「今もなお」または「この先ずっと」良好とは限らない。**

組織の数字も、部下個人の数字も同様である。

もちろん、過去の実績も、過去・現在・未来と数値を比較して、動態分析をするのには役立つ。しかし、過去の栄光によって慢心していたり、古いやり方に固執したまま適応できない部下がいるとしたら、それはもうすでに〝終わった人〟であるかもしれない。

今ここにある「現在」の詳細データのみを分析するべきである。恐いのは、リーダーの脳裏に擦り込まれた部下への勝手なイメージであり、それは固定概念となって、冷静沈着な判断を奪っていく。過去のイメージに惑わされたり、だまされてはいけない。

本来、数字というのは、さまざまな問題提起をしてくれる便利なものであるにもかかわらず、それを正しく活用できないとは、もはや「リーダー不適格」の烙印を押されても仕方がないだろう。部下とすぐに会えない遠い場所にいたとしても、数字によって答えが見えてくることがあるし、**コミュニケーションが不足していたとしても、いや、コミュニケーションをとらないからこそ、数字だけで見えてくる「事実」がある**ものだ。

とはいえ、「結果だけ」を見て判断するのは拙速にすぎない。言うまでもなく、大切なのはプロセスマネジメントなのだ。**数字を見るなら、結果よりも、そこに至る一つひとつの「プロセス」を分析してほしい。**仮にあなたがセールスマネジャーであるなら、見込み発掘からアポ取りやファーストアプローチ、プレゼンなど一つひとつのプロセスの「数」と、その「移行率」「成約率」、すなわち、〝量と質〟を徹底分析しなくてはならない。

その分析結果の中から、部下本人が課題を見つけ出すヒントを与え、自らがそれに気づいていくような、根拠のある指導をするべきだ。

部下が「ああ、なるほど」と理解し、「では、ここを改善すればいいのか」と納得し、「このプロセス目標にこだわります」と行動を明確にし、「最終ゴールはこれです！」とやる気になってくれたら、部下の成長や成功は見えてくるのではないだろうか。

だから決して、リーダーは**数字という「事実」から目を逸らしてはならない**のである。

退屈な空気をつくるな 胸躍る「質問力」で突破せよ

優秀なリーダーの武器、それは「質問」を巧みに操る力だ。部下を思いどおりに操る極意とは、部下の話したいことを連続して質問すること。その鉄則を忘れないことである。とすれば、まだ部下が「聞く態勢」になっていないにもかかわらず、いかに新規プロジェクトが素晴らしいのか、いかにして我々は目標を達成していくのかなどを延々と語ってはならない。多くのチームメンバーは、**あなたの退屈な話に我慢してつき合ってくれる大人である。**ところが、あなたの意に反して、彼らの心には何も響いていない。だから、彼らは「動かない」のである。

これからあなたのコーチング指導は「オール質問で構成」するように切り換えてほしい。質問力の初級ステップでは、純粋にまずは一人の人間として部下に関心を持ち、問いかけることとだ。とにかく「質問する」「あいづちを打つ」を繰り返し、ひたすら傾聴する姿勢を崩してはならない。その際の**あいづちは「いいね」「すごいね」「素晴らしいね」の3**

つに限定すること。 シンプルにその繰り返しでいい。

質問力の中級ステップでは、「賞賛の言葉」の代わりとして質問を操ってほしい。たとえば、「目標達成おめでとう」と褒めるより、「達成できた秘訣は？ どんな戦略で進めたの？ 何かモチベーションの上がる取り組みでも？ どんな勉強をしたの？ 活動方法を変えたのかな？」と**部下が喜ぶような「はい、いいえ」では答えられない質問を5回以上繰り返すこと。**それを習慣にすれば、必ずその中から自尊心をくすぐる質問が浮き彫りとなり、核心的なテーマが見えてくるはずだ。そうして聞けば聞くほど、距離も縮まる。

質問力の上級ステップでは、**部下が本当に話したい〝自慢話〟を「へぇ～、それからどうなったの？」と深掘りして質問**し、部下を饒舌にさせてほしい。そうすれば、徐々に部下が大切にしているアイデンティティが見えてくるものだ。

あくまでも、部下が一方的に話すのではなく、**「リーダーが聞いてくれた」「リーダーが興味を示してくれた」その話題に部下が答えるという展開で〝自尊心〟を満たしてあげてほしい**のである。

明日からのあなたは単なるリーダーではなく、プロの「インタビュアー」である。

「話を切り出す前に、５つ質問をする」その習慣を身につけようではないか。

「答え」を与えるな じっと我慢せよ

すぐその瞬間に、「答え」を求めたがる部下がいる。考えることをせず、些細なことでもリーダーへの質問攻めだ。すると優しいリーダーは「こうこう、こうだよ」と、すぐに答えを教えてしまう。しばらくすると、同じことを聞いてくる部下もいて、ずっとこの繰り返しをやっている。すでにもうわかっていることや、どうでもいいような簡単なことでも、念押しでリーダーに確認してみたくなる部下もいるようだ。

この悪習によって、部下の「依存体質」はますます深刻になっていく。部下が「成長しない」ばかりか、多忙なリーダーの仕事はいちいち遮断され一向にはかどらない、という悪循環を生むわけだ。いやはやなんとも、バカバカしい過保護は止めてほしい。**すぐに「答えを与える」のは我慢すること**である。

とはいえ、リーダーの承認を得なければいけないことや、リーダーの再確認が必要な重要事項は、勝手に判断されては困るだろう。

ここで断固として言いたいのは、部下が**自ら「熟考」し、答えを導き出すまでの〝経験〟を踏むことでより成長していく、そのことの大切さ**である。こうして、主体性、自主性、応用力、創造力、判断力などが身につく。そのフレッシュな脳みそをフル回転させ、とことんアイデアを絞り出せ、と言いたい。

だから、相談の途中では、リーダー自らの回答をかぶせることなく、たとえ部下から強く回答を求められたとしても、ひとまずリーダーとしての〝正解〟は呑み込んで、**「それについて、君だったらどうする?」と部下の意見を促し、先に答えるのは控えたい。**

ヒントを出す程度に留めて、できる限り**「そのほかには何か答えはないかな?」と部下に〝深掘り〟させる習慣をつけさせる**ことだ。部下の「力」を最大限に引き出すためである。

ただし、ぶっきらぼうに突き放すことは控えてほしい。「自分でよく考えろ」だけでは、〝冷たいリーダー〟への不信感となったり、何も答えを知らない〝アホリーダー〟というレッテルを貼られてしまうこともあるからだ。

失敗が見えているのに、試すように野放しにすることも避けなければならない。それでは、自信を失うなどの逆効果になるばかりか、互いの信頼関係にも亀裂が走りかねない。

あくまでも**基本スタンスは、「一緒に答えを出していく」**のである。

議論に勝つな 論破せず「聴く耳」を持て

ときにあなたは、勇気ある部下からの意見や反論に対し、「反論の反論」で封じ込めていないだろうか。もし、大人げなくもムキになり、部下との議論に負けてなるものかと論破、論破で〝全勝〟し、連勝街道まっしぐらだったとしたら、業績のほうは連敗続きであるに違いない。

部下との議論に勝つことがリーダーのプライドであると思い込み、たとえ部下の意見が正論であったとしても、屁理屈で固めた「反論の反論」を押しつけてしまいがちだ。

だが、もういい加減に目を覚ましてほしい。**部下の本音は「話を聞いてほしい」である。**

「いや、ちゃんと聞いているよ」というあなたが聞くポーズをとったところで、部下は「どうせ最後は言いくるめられてしまう」とか「どうせ右から左へ流されてしまう」といったあきらめを感じているはずだ。ふと気がつけば、偉くなってしまったリーダーの周りは、〝偽者のイエスマン〟だらけ。誰も本物の部下はついてこない。

業績が上がらないのは自明の理。方針が浸透しないのも至極当然である。

まずは、姿勢の問題だ。金輪際、部下の意見に対しては自分の口を閉じること。とにもかくにも、部下の話を傾聴してほしい。**部下の話に関心を持ってひたすらうなずき、数多くのあいづちを打ち、心を傾けて聴きまくる姿勢、それを決して崩さない**ことだ。部下の文句、部下の主張、部下の要望、それらすべてに興味を持ち、耳を傾けるのである。

「話を聞いてくれる人の話なら聞いてあげてもいい」と思うのが人情だ。あなたの主張、あなたの言い分は、部下の〝心の声〟を聴いてからでも決して遅くはない。

いつの時代も、「共感し、承認してくれるリーダー」を部下は信頼し、本当の絆が深まっていくのである。

たとえ部下の言葉が聞くに絶えない憎まれ口であったとしても、まずは肯定的な心を傾けて聴くことだ。**腹ただしいその言葉の中にこそ、「変革のヒント」がたくさん詰まっているもの**だ。今すぐ活用できない提言であっても、将来のチームにとって役に立つアイデアになることもあるし、実現が困難な要望も、ときとして「問題の核心」をついていることもある。

優秀なリーダーにかかれば、すべての意見は組織発展への〝糧《かて》〟となるのだ。

鬼100則 36

反抗的な態度に腹を立てるな「肯定」して前へ進め

いくらコーチングだのカウンセリングだのと、さまざまなマネジメント・スキルを身につけ、ときにはとことん悩みごとに耳を傾けてあげたり、ときには適確なアドバイスを送ってあげたり、ときには愛を持って叱りつけたりあげたりと、どれだけリーダーが奮闘努力したところで、部下はあくまで部下でしかない。

変化を恐れる彼らから見れば、**リーダーから「操られたくない」「都合のいいようにまるめこまれたくない」という防衛本能が常に働いている。**うかつにもリーダーの企みにはまってしまい、余計な仕事を増やされないようにと、身を守ろうとしているのである。

何でもかんでも素直にリーダーの指令や要請を受け入れて「その気」にさせてしまうと、後戻りできなくなる。そうなる前に、ルーティンへ逃げ込もうとするのだ。

そう、部下もなかなかやり手である。**あらかじめ予防線を張っておくものの、それを見事に〝突破〟してきたリーダーにだけは、「話を先に進めてもいいよ」というチケットを**

発行してくれるものだ。

だからといって、力技で強引に説得しようとすれば、逃げ道をふさがれた部下は警戒心を強め、抵抗をはじめる。その反発を封じ込めている限り、部下は「その気」にはならない。いずれにせよ、リーダーの真意が何も伝わらないまま、嫌々押しつけられた仕事では、たいした成果にもつながらない。

そうしてあなたはチケットを持たないまま、「コーチング列車」に乗ろうとするから、いつも脱線してしまうのだ。だから、たとえどれだけ部下が反抗的な態度をとったとしても、腹を立てたら負けだ。あくまでも、**「余裕綽々な笑顔」で受け入れる**こと。肝心なのは、あなたの**懐の深さが「試されているだけだ」**ということを、正しく認識することである。

反発する部下に対しては、すぐに全否定せずに、「だよね～」「やっぱりそうだよね～」「そのお気持ち、わかるよ～」と、**まったく意に介さない寛大な心で肯定する**ことだ。どんなにとんちんかんな戯言《たわごと》でも、一度はググッと飲み込むことである。

「本当は君が嫌がっているなんて思ってないよ」という、余裕ある態度が〝拒否しようとした部下〟との気まずさを和らげ、そこではじめて「コーチング列車」は前へ前へと動き出すのである。

鬼100則 37

沈黙を恐れるな部下の「自己探索」をサポートせよ

大昔から営業の世界には「ゴールデン・サイレンス」というセオリーがあるが、リーダーが行うコーチングの世界にも、「ゴールデン・サイレンス」は有効だ。そう、「沈黙は金」なのだ。しゃべりすぎが原因で、お客さまを惑わせてしまうダメ営業マンと、部下を追い詰めてしまうダメリーダーは、もはや同罪なのである。

部下へのコーチングにおいて、すべての質問と解決方法を出し尽くしたならば、もうそれ以上、畳みかけないほうがいい。それをやると、部下は余計に混乱して迷うからである。だからこそ、ここぞのクライマックスには、**静かに「自己探索」する時間**を部下に提供するべきだ。ここは、じっと我慢である。

部下のほうから先に口を開くまでは、決して話しはじめてはいけない。どうか「沈黙」を恐れないでほしい。

夫婦喧嘩と同じである。罵り合いのバトルに疲れ、長い沈黙が続いた後には、ほぼ間違いなく、先に口を開いたほうが負けだ。「歩み寄るような言葉」や「謝罪の言葉」を話しはじめるはずである。

面白いことに、マネジメントの最前線においても、同じことが言える。**沈黙のときを破った部下が発する言葉は、大抵が肯定的（ゴールデン）である。**

また、一旦、静かに席をはずすという方法も効果的だ。

たとえば、「ちょっとトイレ行ってくる」とか、「ごめん、一本だけ急用の電話をしてきていいかな？」と、部下一人の〝内省タイム〟をつくってあげるのだ。

この時間を確保してあげることで、思考が整理できたり、新たな気づきが得られたりする。また、静かに覚悟を決めることもできる。まさに、自らの意思で、だ。

こうして、リーダーが席に戻ったときには、部下は何らかの結論を出していたり、目標へ一歩前進した質問をしてくるケースも少なくない。行き詰っていた「運気」は、トイレに流してきたと思えばいい。新たなマインドで最終ラウンドに向かうことができるはずだ。

さらには、沈黙の最中に手帳を見ながら、「目の前の部下の存在は見えてないよ～」というすっとぼけたゼスチャーで、静かに魂を「幽体離脱」させるのも手だ。そう、**部下が内省しやすい空気を醸し出す**のである。

失敗の原因を追及するな「更生へのストーリー」に気づかせろ

部下が失敗を犯したとき、「なぜ、できなかったんだ」と追い詰めてしまうリーダーがいる。ときにあなたも、部下の非を責め立ててしまうことがあるのではないだろうか。

たしかにその行為は、ミスの原因や未達成の責任を追及し、改善を図ろうとする正しい指導に見えないこともない。しかし、まだやり直して挽回できるのなら、徹底的に原因を追及してもいいが、無駄な「拷問」はマイナスでしかない。

「なぜ」と問い正されている部下にとっては、イライラしているリーダーから「責められている」としか感じない。**「なぜだ、なぜだ」と追及されても委縮していくだけ**だ。

部下だって自分のやり方が間違っていたことくらいすでにわかっている。なぜと聞かれて〝理由〟を答えれば「それは言い訳だろ！」とリーダーの怒りを倍増させてしまうこともわかっている。だからといって〝尋問〟に答えないでいると「言い訳もできないのか！」と叱責されることもわかっている。部下にとっては三重苦なのである。

これでは部下のストレス度は最悪だ。**ますますやる気と自信を失う瞬間**でもある。

「なぜ、今月の売上が達成率70％なんだ」と、刑事のように尋問しているリーダーというのは、要するに、失敗の原因を探るための〝取り調べ〟をしているのだ。重要参考人である部下にすべての責任を擦りつけ、「俺は共犯じゃない」という証拠集めをしたいだけ。しかし実は、あなたもれっきとした〝共犯者〟なのである。

いいリーダーは悪い結果を受け入れる度量があるが、悪いリーダーはいい結果しか受け入れることができない。リーダー自らの責任を痛感し、悪い結果をこれからのチャンスとしてとらえられるかどうか、これはリーダーとして「力」をつけるチャンスでもある。

失敗から得た「気づき」や「教訓」を次に活かすのが、リーダー本来の仕事だ。

そして、「次回はどんな戦略で目標達成を目指す？」といった、未来にベクトルを向けた前向きな質問によって、部下から具体的な改善策を引き出し、**「事件の真相」と「更生へのストーリー」を、部下本人に気づかせる**のである。

「誰が悪いのか」ではなく、「どうすれば上手くいくのか」を一緒に考えるべきなのだ。

希望の持てる建設的なコミュニケーションでしか部下はついてこない。これからは、「なぜ？」という質問を「どうする？」に変え〝犯人捜し〟から足を洗おうではないか。

鬼100則 39

部下の「恐怖心」を否定するな 辛い気持ちに寄り添え

実は私、動物が大の苦手である。あなたが「可愛い、可愛い」と言って人間以上に愛情を注いでいる犬や猫や小鳥などのペットも、私にとっては〝恐怖の対象〟でしかない。放し飼いの小犬が近づいてきたとしたら、私は悲鳴を上げて一目散に逃げ出すだろう。「情けない」のひと言だ。どれくらい恐いかというと、サバンナでライオンに追いかけられるのと同じくらい恐い。きっとあなたは、「なんで？ あんなに可愛いのに」と、私の気持ちにまったく共感できないのではないだろうか。それはそうだ。動物好きの人にとって〝動物恐怖症〟など、到底理解できるはずもない。

ペット好きの人からは、**「大丈夫だから」と笑われるが、私は全然大丈夫じゃない。**恐くて恐くて、触れることはもちろん、近づくことさえできないのである。

さて、ビジネスの世界もサバンナと同じく弱肉強食だ。似たようなケースはないだろうか。そう、**部下の〝恐怖心〟をまったく理解しようともしない猪突猛進型のリーダー**だ。

たとえば、営業の最前線にも〝恐怖症〟の部下がいる。「コンサルティングは得意だが、電話営業は恐い」「主婦の顧客は得意だが、経営者は恐い」「ホワイトカラーの人は得意だが、ブルーカラーの人は恐い」といった**理屈では説明できない苦手意識を持っている。**

そんな部下の〝恐怖心〟を理解しようともせず、頭ごなしに「あり得ない」「そんなの気のせいだ」「当たって砕けろの精神だ」と突き放してしまうリーダーは、ビジネスというサバンナで部下を見殺しにしていく。

たしかに克服できない弱点はないのかもしれない。しかし、**部下の立場からすれば、まずは「恐怖心を理解してほしい」のではないのか。**

その辛さをわかってくれているだけでも、ささやかな勇気をもらえる。そんなリーダーであるなら、共に「猪突猛進してみよう」とも思える。

ちなみに、文豪「太宰治」と「又吉直樹」の共通点の中の一つに、「犬嫌い」「動物嫌い」があるらしい。『畜犬談』という太宰の作中には、いかに犬が恐いかが描かれている。又吉も「犬と熊は同じくらい恐い」と言っている。この文豪2人ならば、**「私の気持ちを理解してくれるだろう」と、そう思うだけで心強く、勇気が湧いてくる**というものだ。

思わず執筆にも力が入り、芥川賞も夢ではない気がしてくる。

マニュアルを形骸化させるな自己流の「バイブル」にして伝承せよ

既製のマニュアルほど、つまらないものはない。ほとんどの場合、形骸化していて実践では使いものにならないからだ。実態からかけ離れた無難なマニュアルなど、最前線で働くメンバーからすれば、紙くず同然だ。

では、使えるマニュアルがないまま、部下たちの我流に任せるだけで、本当に高い成果を出し続けることができるのだろうか。

いわずもがな、それでは生産性は上がらない。やはり、実践的なマニュアルが必要だ。とくに最近の若い社員には「マニュアル君」が多く、ロジックで納得しないと動かない傾向があり、一筋縄ではいかない。

彼らが求めているのは、「頼れる教科書」や「信じられる参考書」だ。となると、リーダー自身が熟知しているオリジナルのマニュアルが必要不可欠となってくる。それも、確実に役に立ち、時代の先端を行く情報の詰まった最新版でなければならない。経験に基づいて蓄積されたナレッジ、実践で鍛え抜かれたスキル、血の滲《にじ》むような体験で得たマインド、そのすべてを公開するしかない。そうして**磨き抜かれたリーダーの「マニュアル」であるからこそ、チームの「バイブル」となって伝承されていく**のである。

たとえば、私が現在所属する直販組織は、ゼロから立ち上げたのだが、準備段階から200ページに及ぶオリジナルのリクルート（スカウト）マニュアルを制作した。

また、外資系生保で支社長を務めていたときには、何でもかんでもマニュアル化していた。心構えを説くマニュアルとして制作したメッセージ集は、後に一冊の書籍になったほどだ。その「指南書」の存在が、部下たちの精神的支柱となったことは間違いない。

お客様への手紙の書き方一つをとっても、オリジナルのマニュアルをつくっていた。さまざまなタイプのお客様に対し各プロセスの段階別に組み合わせた数十種類に及ぶ大作だ。タイトルは、ズバリ「マメな男（女）は、モ・テ・る」だった。

販売マニュアルに至っては、スクリプトを作成し、一言一句「丸暗記」してもらった。

部下一人ひとりの個性は、尊重するが、考え方や技術は、誰を見ても、どこをとっても、リーダー自身のコピーでいい。ぜひあなたにも、部下がリーダーを信じてついていこうと思えるような本家本流の「バイブル」を制作してほしいものである。

見捨てるな「模擬トレ」で鍛え上げろ

模擬トレーニングを避けたがる部下は少なくない。よって、模擬トレーニングを指導すべきリーダーも及び腰になりやすく、「また今度でいいか」と先送りにしてしまいがちだ。しかし、リーダーは絶対にそこから逃げてはいけない。また、部下を逃がしてはいけない。

「模擬トレ（ロープレ）」の進め方の基本プロセスは次の通りだ。

第1ステップでは、**トレーナーでもあるリーダーが見本をやって見せる。**

初心者であっても真似できるベーシックなスキルの中に、「これならうまくいく」と部下がひざを打ち、プラスアルファ「さすがリーダー、これは凄い！」というスパイスが効いている「模擬トレ」でなければならない。よって、リーダー自身のスキルも錆びつかないよう、常に刃を研いでおくことが欠かせないのである。

第2ステップでは、「模擬トレ」の重要なポイントを一つひとつ、**腹に落ちるまでとことん言って聞かせる。**部下へのわかりやすい解説を加えなければその気にはならない。

言って聞かせることによって「いい結果に結びつきそうだ」と、部下が励まされて一歩踏み出し、「試してみよう」という気にさせることが大切だ。

第３ステップでは、**実際に目の前で部下にさせてみる。リーダーが作成したシナリオと、一言一句同じトークになるようなレベルにまで演じさせる**のだ。何度も何度も繰り返しオンカメラで撮影した映像を、本人に「客観的な眼」で確認させてみるとよいだろう。

その際、真剣勝負の「模擬トレ」になるかどうかは、リーダーの「手抜きを許さない」というスタンス次第だ。リハーサルのためのリハーサルにならないように、本番さながらの厳しいトレーニングが必要である。

最終ステップでは、**フィードバックで褒める。**あらかじめ、テーマ別に客観的な「評点」「改善点」「合格理由」などを記載できる「模擬トレ・シート」を準備しておくこと。

部下の行動にブレーキをかけているのは恐怖心である。だから、**褒めて褒めて褒めちぎって、自信と勇気と希望を与えるのだ。やはり、とことん褒めてやらねば人は育たない。**

そう、かの有名な山本五十六の言葉を思い浮かべた賢明な読者も多いに違いない。

以上のように、「模擬トレ」には、意味があり、効果がある。**長いミーティングは好きだが、実践的なトレーニングは二の次三の次、という残念なリーダーに明日はない**のである。

耳だけで聞くな 正対して「心」を傾けろ

部下が恐る恐るリーダーの席へと近づき「あの〜、ちょっとよろしいですか?」と話しかけてくることがある。

それは、緊急の報告の場合もあるし、重要な連絡の場合もあるだろう。のっぴきならない相談事であるかもしれない。または、今この場でなくても済む質問であるかもしれないし、ただ雑談がしたいがための問いかけであるかもしれない。

どちらにせよ、まだ何も話を聴いていないその段階において、真意は定かではない。

ところが、リーダーは多忙だ。嵐のように仕事がふりかかってくる。未開封のメールや山のような書類があふれ返っていることもあるだろう。来客がやってくる直前のタイミングということもあるだろう。会議のプレゼン資料を作成する期限が迫っていることもあるだろう。ストレス過多により、常にリーダーのイライラは最高潮に達している。

そんなタイミングでの「部下からの質問」である。ついつい殺気立ったこわばった顔で、

「えっ、なんか用か？」「それって、急ぎなのか？」「悪いけど後にしてくれないか」と、**まだ部下の用件の重要性や緊急性が何もわからない段階で、素っ気ない態度をとってしまうことはないだろうか。**または仮に、言葉は丁寧であっても、**耳は部下のほう、顔はパソコンに向かったまま、ということはないだろうか。**

顔を向けてくれないリーダーの態度に、部下の心は傷つくものだ。自らの存在に対する「優先順位の低さ」にである。

こんな些細なことから、「不信感」が募り、部下との距離も離れていくものである。だから、どんなに忙しくても、部下を鼻であしらってはいけない。

リーダーの忙しさは重々承知の上での声掛けである。どれほどに大事な仕事であろうと、一旦、手を休めて部下と「正対」してほしい。むしろ、そんな**多忙なタイミングだからこそ、まずは「正対」して部下と向き合うこと**である。

部下の言葉に心を傾けようと思っているものの、油断していると、明らかに「聴く姿勢」を誤ってしまう。だいたいが、そんな無礼千万な態度をとっておきながら、一方、部下に対しては「ちゃんと話を聴け」と正対する姿勢を強要するだなんて、笑止千万だ。

礼節を重んじ、「正対する姿勢」から、鬼のコーチングははじまるのである。

鬼100則 43

心を閉ざすな秘密を「オープン」にしろ

部下の心の内を知ることこそがコーチングの本質だと思い込んでいるリーダーは、部下の「気持ちを知ること」で距離を縮めようと躍起になる。たしかにそれはリーダーとしての大優先の仕事なのだが、その前にもっと大事な〝私事《しごと》〟を忘れていないだろうか。

それは、**リーダー自身の「オープンマインド」**だ。

〝心を閉ざしたリーダー〟が犯してしまう失敗の代表例は、つまらない質問の繰り返しで、部下の気持ちを遠ざけてしまうことである。はたしてあなたの部下は、「またあなたと話したい」と感じているだろうか。

おそらく部下は、リーダーへの態度を硬化させ、「はっ、それが何か?」といった気のない返事をするばかりで、あなたとの距離を遠く遠く感じているはずだ。

リーダーであるあなたがどんな素性で、どのような過去を背負ってきたのか、何をきっかけに今のポジションまで昇りつめたのかなど、どれだけのことを部下は知っているのか、それは甚だ疑問である。

根掘り葉掘り探りを入れるような質問を繰り出すその前に、本当のあなたは何者で、本当は何を思って生きているのか、そのすべてを部下に伝えてほしい。

部下との距離を縮めたいと思うのであれば、**「まず先に」あなたが心を開く**ことである。

できる限り、あなたの「秘密を暴露」してほしい。

きっと、あなたの人生にも、それなりの〝歴史〟があるだろう。まだ、あまり公にしたくない秘密が隠されているのではないだろうか。数々の「失敗談」だってあるはずだ。

その**あなたの「物語」を開示する**のだ。誰も知らない「おしりの青アザ」にはじまり、生い立ちや幼いころのエピソード、愛する家族との確執、挫折したミッション、絶体絶命の経験、あきらめきれない夢など、インパクトのある「打ち明け話」をしてほしい。

そうすれば、**あなたの部下は、〝言いづらい極秘の情報〟を教えてくれたリーダーに対し、ぜひ「お返ししたい」という心理が働く**ものである。

そうして、お互いの身の上をオープンにし合うといい。さらにあなたのネタが「すべらない話」であれば、リピーターになる部下は増えていくに違いない。

あなたが先に心を開けば、相互理解への〝道も開ける〟のである。

「退職」を恐れるな 踏み込んで道を拓け

突然、「辞めさせてください」と、退職を申し出る部下がいる。リーダーであれば誰にでも、一度や二度は経験があるのではないだろうか。

「まさか君が」と思いも寄らなかった腹心もいれば、「やっぱりな」と心配していた落ちこぼれもいる。中心的な戦力だった優等生もいれば、辞めてくれて助かったという問題児もいる。引き留めに成功する律儀な同志もいれば、説得が失敗に終わり転職していくドライな卒業生もいる。そこにはストレスが溜まる攻防があり、日常の業務に忙殺されているリーダーにとっては、最も起きてほしくない〝事件〟となる。

退職する仲間が出れば、残された部下は動揺し、士気にも影を落とす。大抵、辞めていく部下は「いかに隣の芝生は青いのか」という退職の〝正当性〟を仲間たちへ訴え、広めていくものだ。戦力がマイナスになる以上のさらなるマイナス要素があることは否めない。

また、リーダーとしての責任が問われ、管理評価が減点される場合もあるだろう。

よって、**「退職者は絶対に出したくない」というのがリーダーの本音**である。

すると、ときにこの感情がリーダーの意思決定を誤った方向へと導いてしまう。そう、**まるで腫れ物に触るかのように、部下と接する日々を過ごすことになる**のだ。

たとえば、遠慮して部下を注意できなくなる。部下のたび重なる遅刻や無断欠勤も黙認する。部下に好きな仕事だけを与える。部下のわがままな要望も受け入れる。部下のコンピテンシー評価を甘く加点する。時期尚早だが部下を昇給・昇格させる。というように、退職のショックがトラウマとなり、甘々なマネジメントへと成り下がっていくのだ。

こうなるとチームはもう統制が効かない。バラバラになり、崩壊の一途を辿る。生産性の低いチームへと荒廃していくまでに、大した時間は要しないだろう。

退職を恐れるリーダーの〝脆さ〟こそが、**今度は退職を考えていなかったまともな部下までも退職したい気持ちにさせていく。**かえって、退職者を増やすことになってしまうのだ。むしろ、**「たとえ退職してもかまわない」という強い気持ちで厳しく接するほど、逆に、退職していく部下は激減する。**その事実と直面すべきだろう。

どうか、部下の「退職」を恐れないでほしい。とことん本気で踏み込み、共に「この場所」で、新たな道を切り拓いていく〝光明〟を部下に与えるのである。

上下関係になるな「師弟関係」を築け

たとえ、あなたの厳しい指導が仇となり、部下がリタイアすることになってしまったとしても、それがリーダーの信念に基づく正しい指導であったのなら、ついに「そのときがやってきた」のだと割り切るべきだ。

あくまで厳しくも正しい指導を行った上でのリタイアであるなら、決してそれはふるいにかけた「淘汰」ではなく、貴重な体験を積み重ねた上での「卒業」になるのだから。

そう、〝師範〟であるあなたの「道場」を卒業していったのだ、と思えばいい。**リーダーと部下の関係とは、願わくば師匠と弟子のような「師弟関係」**であってほしい。

私の場合も、「リーダーとは道場主である」との思いで、部下を次のステージへ送り出してきた。**そうなるには、役職という立場を超越した圧倒的な力の差がなければ、真の師弟関係は成り立たない。**単なる上下関係だけの絆では薄すぎるのだ。

卒業していく部下の多くは、去り際にこんなことを言ってくれた。

「早川支社長と一緒に働けて、本当にいい勉強をさせてもらい、成長することができました。この経験を必ず次の仕事に活かします。退職することは残念ですが、この会社に入社したことに悔いはありません」

この「悔いはない」という部下の言葉を聞くことができるたびに、救われた思いになった。「これでいいのだ」と。

最悪なのは「こんな会社に入るんじゃなかった。だまされた思いだ」「学ぶことは何一つなかった。時間を無駄にした」などという〝後悔の言葉〟を最後に聞くことだ。

ときには、「指導力が足りなかった」と反省することもあるだろうし、場合によっては逆恨みされることもあるだろう。しかしそれらの**失敗を糧にしながら、部下の拒絶を恐れず、本気で鍛え抜くことだ。弟子同様、師匠としても、悔いを残さないために。**

縁あって苦楽を共にすることになったからには、最後の最後まで見捨てることなく真剣勝負で部下と向き合うべきである。

いいいいいいいいいいいいいいいいいいい決して飼い殺しのようなことがあってはならない。

どうかあなたも、部下が「卒業」したのちも光り輝くよう、今、徹底的に磨き上げてほしいものだ。

能力レベルで判断するな その前に「感情レベル」を把握せよ

「部下の感情レベル」は、6段階に分類できる。

【S・エネルギッシュ】情熱的な人格者。高潔で信念がブレない愛情深い人物。
【A・プロアクティブ】積極的な楽観主義者。明朗快活で社交的、達成志向の行動派。
【B・ノーマル】保守的な堅実派。変化や衝突を嫌う日和見主義者。
【C・アバウト】無責任な消極派。仕事にも人生にも退屈している怠け者。
【D・ジェラシー】敵対するエゴイスト。偽善者を演じる狡猾な危険人物。
【Z・ダーク】無気力な落伍者。自信喪失状態の臆病者。

部下がどのレベルに該当するのか、分析してもらいたい。まずは、レベルを正しく認識しておくことが必要不可欠だ。

「能力レベル」と「感情レベル」はまったく別次元である。

たとえば、学歴もあり、知識が豊富で、弁も立ち、実務能力がズバ抜けている、という部下がいたとする。その能力によって評価され出世してしまうこともあるだろう。

しかし、いくら能力が高くても、感情レベルが「B・C」ならば、やがて彼らの存在がチームのモチベーションに悪影響をもたらし、業績は波を打って安定しなくなる。それだけならまだしも、部下の感情レベルが「D・Z」であるなら、リーダーの足を引っ張る悪行に手を染めはじめないとも限らない。そうなれば、チームは根底から腐敗していく。

くれぐれも忠告しておくが、そもそも感情レベルが高くなければ、本来の能力が生かされることはない。だから、部下の「能力レベル」よりも、「感情レベル」を上げることに力を注ぐことだ。**高潔さを磨くことで「感情レベル」は上がっていく。そう、優先すべきは、心を豊かにする自己啓発教育により、道徳的な意識や倫理観を養うこと**である。

リーダー自身も同様だ。年功序列で手に入れた「ダーク課長」、たまたま続いた幸運によって出世した「アバウト次長」、上役の顔色を伺いながら忠誠を装ってきた「ノーマル部長」など、偽者リーダーが孤立無援となり没落する悲劇は、枚挙にいとまがない。部下からは「お荷物課長」「目の上のたんコブ次長」「太鼓持ち部長」と揶揄され、軽蔑されている。

あなたが思っているほど、自分の感情レベルは高くない。部下の「感情レベル」を育てるのと同時に、リーダー自身の「感情レベル」をも育てなければならないのだ。

鬼100則 47

上から見下すな「EETスキル」で人心を掌握せよ

「感情レベル」は、環境の変化や外的ストレスによって「S」から「Z」の間を上がったり下がったりする。よって、マンツーマンのコミュニケーション指導が欠かせない。

私は、そのコミュニケーション技術のことを、「エモーショナル・エレベーター・テクノロジー＝EET」と呼び、実践してきた。次のように「3ステップ」を繰り返せばいい。

・ステップ1：「部下の感情レベル」と同一の感情レベルにまであなたを落として、一旦その感情レベルに成りきる。

・ステップ2：「部下の感情レベル」よりも一段階上の感情レベルに成りきって、あなたと同じその一段階上の感情レベルにまで部下を引き上げる。

・ステップ3：さらにもう一段階上の感情レベルに上がって成りきり、その感情レベルにまで部下を引き上げる。

この「３ステップ」を繰り返すことで、部下の感情レベルを「一段階ずつ」上げていき、最終的には、リーダーと同じ「感情レベルＳ・エネルギッシュ」にまで引き上げるのだ。要するに、その段階その段階の感情レベルを演じきるのである。

ダークな部下には、「ダーク」に成り、次に一段階上の「ジェラシー」に成りきる。アバウトな部下には、「アバウト」に成り、次に一段階上の「ノーマル」に成りきる。ノーマルな部下には、「ノーマル」に成り、次に一段階上の「プロアクティブ」に成りきる。

しかし、「振りをする」レベルでは上手くいかない。部下と目線を合わせるとか、気持ちに共感するのではなく、**完全に成りきって「その役」を演じきらなければならない。**

部下は６階建てのビルの１階や２階や３階などそれぞれの階に住んでいる。リーダーであるあなたは、ビルの最上階に住んでいる。あなたは部下の住んでいるそれぞれの階までエレベーターで降りて行き、一人ひとりを１フロアずつ上げていかなければならない。

そんなイメージで実践してほしい。大事なのは、先走らないようにすること。部下の言葉に興味関心を持って観察し、**リーダー自身と同じ感情レベルにまで上がってきたことを確認した上で、次のステップへ進まなければ、部下はエレベーターを降りかねない。**くれぐれも注意深い「洞察」が必要だ。

不感症を看過するな「喧嘩」を売って火をつけろ

だらけ切った**部下のハートに火をつける手っとり早い荒療治**がある。たとえば、こうだ。

部　下「はぁ〜、まったくやる気が出ないんですよねぇ（ため息）」

リーダー「俺も同じだ。やる気が出ない。もうチームは解散しよう。全員で退職だ」

部　下「いったい急にどうしたんですか」

リーダー「無気力な人間は、もうこの会社にいる資格なんてないんだ！」

部　下「ちょっと。それは言いすぎじゃないですか」

リーダー「だいたいなぁ、お前が悪い影響を与えてる黒幕なんじゃないのか！」

部　下「そんなわけないでしょー！」

リーダー「じゃ、なんでみんな、やる気を出さないんだ！」

部　下「知りませんよ、そんなこと。それを考えるのがリーダーの仕事でしょー！」

リーダー「何様のつもりなんだっ！（椅子を蹴り上げる）」

部　下「僕だって、僕なりに一生懸命、やってるんですよ！」
リーダー「だったら、以前のように思いきり働いてみろよ！」
部　下「ふざけないでください！　その手には、乗りませんよ！」
リーダー「いや～、ごめん。実はさ、うちのチームが新しいプロジェクトを立ち上げることになりそうなんだよ。A君も、よかったら、そのチームに加わらないか？」
部　下「はぁ～、僕がですかぁ？」
リーダー「会社からの君の評判は悪くない。陰の努力を見てる人は見てるんだよ」
部　下「いや～、僕なんて全然ダメですよ～（まんざらでもない）」
リーダー「君は優秀だよ。自信を持っていい！　新プロジェクトでも力を発揮できる！」
部　下「ホントですかぁ？」
リーダー「当たり前じゃないか。よーし、そうと決まったら、今週末はチームの決起大会をやろう！　俺は今、モーレッツに感動している（涙ぐむ）」
部　下「わかりました。僕、初心に戻って頑張ってみます」
マンガのような「実話」の要約だ。**ぬるま湯の中で茹で上がりそうな不感症の部下には、まず喧嘩を売り、感情を〝沸騰〟させてから本題へ入る。リスクは高いが、着火率も高い。**

寛容に見逃すな愛を持って「説教」せよ

ときに部下は「愛のある説教」を待っている。

意外にも、ゆとり世代の若い部下ほど、叱られたがっているものだ。

「その態度を絶対に許すわけにはいかない！ それは単なるわがままだろ！」

「その迷惑行為は完全に仲間への裏切りだ！ いい加減に目を覚ませ！」

「その言動は根本的に間違っている！ それじゃあ、百年経っても成功できない！」

という厳しい説教でさえも、そこにあなたの愛があるのなら、部下は涙を流し受け入れてくれることだろう。部下は心の底で、リーダーからの**本気の説教を求めている**のである。

部下だって**内心はわがままだということはわかっている**ものだ。**ある種の「甘え」**である。人はいくつになっても子ども。どうにもならないほど寂しくなるときがあるのだ。ただ、リーダーにかまってもらいたいだけなのである。

それは、**リーダーとしての度量・技量を「試されている」**と言ってもいい。

今どき、まともに説教してくれるリーダーはなかなかいない。なぜなら、**それ相当の情熱とエネルギーがないとできないこと**だからだ。大抵は、はっきり言って、面倒くさい。

とはいえ、リーダーのイライラをぶつける「はけ口」としての説教や、リーダーの「自己満足」に浸るためだけの説教であれば、当然それは敬遠される。言いがかりをつけられた部下はたまったものではない。

あくまで、「部下本人のためを思って」が大前提であるし、**〝ある境界線〟を越えたときに限り、あなたの説教パワーを発揮する出番がやってくる**と思ってほしい。これだけは絶対に許せない、それだけは看過するわけにはいかない、という一線だ。

人間ならときに犯してしまうであろう、倫理的にやってはいけない行為、仲間へ迷惑をかける行為、このままでは堕ちていくしかないというダーティー行為、などである。

それらの挑発的な行為を、寛容に見逃したり、わざと見て見ぬふりをしたり、あきらめて見捨てたりせず、堂々と受けて立ってほしいのだ。**リーダーが真っ先に、誠心誠意の「闘う姿勢」を見せるからこそ、通行止めだったあなたの〝愛は開通〟する**のだ。

さらにその上で、説得力があり、心から納得いく、一世一代の説教であれば最高だ。それこそ「夕日に向かって走り出したくなる」ほどの感動も生まれるというものである。

達成を疑うな徹頭徹尾「信じ抜け」

部下に活躍してほしい、成長してほしい、出世してほしい、と心から願う聡明なリーダーがいる。そのために試行錯誤を繰り返し、悪戦苦闘している姿は涙ぐましいほどである。にもかかわらず、部下が育たない、チームの発展もままならない、そんなリーダーの悩みは深刻である。それは、なぜなのだろうか。いったい何が足りないのだろうか。

ズバリ結論から言おう。それは、**リーダーが「部下を信じていない」から**だ。

誤解しないでほしい。私は、あなたが部下を信頼していないと言っているわけではない。あなたの心の底の深層心理を覗いた上で、あえて問いたい。あなたは本当に「部下の可能性を100%信じているのか」ということを。

たとえば、部下に課せられた今月の高い目標を100%達成すると信じているのか、という問いである。**心のどこかで「できないかも」と達成を疑いながら、指導しているのではないだろうか。**「君ならできるよ」と励ましていながらも、その言葉の裏側に「嘘」を感じていたり、どこか可能性を信じていないところはないだろうか。

きっと部下に期待はしているし、応援もしているだろう。でも本音では「どうせダメだ」とあきらめているに違いない。いわゆる、**目の前の部下の姿というのは、あなたの思考がそのまま現実化しただけ**なのである。

部下を信じていないリーダーは、あきらめが早いのが特徴的だ。だから、**すべての指導が中途半端になる。あの手この手を使ってあきらめずに取り組もうという指導ができない。**

しかし、リーダーが部下を信じてあきらめなければ、部下も自分自身を信じてあきらめない。もっと言えば、**あきらめないというより、「裏切れない」という思いにかられる。**「引き返せない」という強い思いだ。

それはそうだ。心から自分を信じている**リーダーをがっかりさせたくない、喜ばせたい、信頼に応えたい、と思う**はずだからだ。

部下にとって、「絶対できる」と心底あきらめないリーダーがいる、ただそれだけのことで、どれだけ心強いかわからない。

だから、まずシンプルに「できる」と最後の最後まで信じてあげてほしい。部下のポテンシャルを信じてほしい。可能性を信じてほしい。そして〝信じる力〟を信じてほしい。

第3章

Spirits
～鬼魂～

君が笑えば、世界は君とともに笑う。
君が泣けば、君は一人きりで泣くのだ。

エラ・ウィーラー・ウィルコックス

「大切なのは勝敗ではない」って言いたがるのは、
たいてい敗者なのよ。

マルチナ・ナブラチロワ

自分一人の命のことで何をくよくよしているんだ。

孫正義

名刺の「肩書き」にしがみつくな 魅力ある人間力で勝負しろ

リーダーたちは30代40代にもなってくると、同期の中でも役職に差がついてくる。明らかに優秀ではない社員のほうが先に出世するなんてことは日常茶飯事だし、必ずしも実績や能力が出世競争に反映されるとは限らない。そこには運不運がつきまとう。それが、リーマン・リーダーの宿命である。

だったらもう、**少しくらい出世が遅れたからといって落ち込むのはナンセンスだ。たかだが「肩書きの世界」だと考えればいい**のである。そもそも名刺の中の肩書きなんて、会社によって役職の重みが違う。部長より支社長のほうが偉い会社もあれば、支社長より課長のほうが偉い会社もある。たとえば銀行なんて、支店長代理と聞いて、支店ナンバー2なのかと思いきや、支店内に数名いる課長よりも、地位は低いらしい。

入社2年ですぐに課長になれる実力主義の会社もあれば、20年経っても課長にすらなれない大企業もある。だから、名刺上の肩書きなんか気にしたところで意味がない。

以前、第一線を退かれた元上司（役員）が、元部下らが大勢集まるOB会パーティーにやってきたことがある。誰が招いたのか知らないが、何の肩書きもないその元役員には、誰も近寄ろうとしなかった。肩を落とし手酌でビールを飲むその背中は寂しすぎた。

「ふん。昔はペコペコしていたくせに。げんきんな奴らだ」と呟いていた元役員に対し、今も名刺の肩書きにしがみついているのだな、と憐れに思った記憶が今も頭を離れない。

そんなふうに、**与えられた地位やお飾りの肩書きを盾に威張っていたリーマン・リーダーは、名刺の肩書きがなくなったら最後、誰にも相手にされなくなる**のだ。逆に、肩書きがなくなった今でも、元部下たちが尊敬の念を持って交流を図ろうとする人物なのか、「リーダーの価値」が試される場面だ。目に見えない〝勲章〟が授与される瞬間である。

勇退した後、名刺上の上下関係がなくなっても、本物の実力があるリーダーには人望が集まり、充実した人生が待っている。かつての〝戦友〟たちからの誘いが絶えることなく、心と心の交流が一生涯にわたり続くのである。

肩書きよりも**大切にすべきなのは、「魅力ある人間力」**だ。圧倒的な自信とブレないインティグリティ（高潔さ）、それを**若きリーダーの時代から、磨き続けるしかない。**

本物のリーダーには、お飾りだけの「肩書き」などいらないのである。

上役にしっぽを振るなどんどん「噛みつけ」

不人気リーダーのタイプ別ワーストランキングの調査をしたとするなら、おそらく、ダントツ1位になるのは「上役へゴマをする上司」なのではないだろうか。

いわゆる「下に厳しく、上に媚びを売る」リーダーのことだ。いつもチームメンバーには高慢な態度で偉そうに命令しているくせに、上役に対しては、一転して手揉みしながら愛想笑いを振りまき、「ですよね〜」「はい、はい」「おっしゃるとおりです」と、絶対に逆らうことのない姿勢で、ひたすら服従を誓っている。

たしかに、組織統治において、上役からの指示を正確かつ迅速に遂行していく究極のイエスマンというのは欠かせないし、信頼に値する存在だ。

とはいえ、**あまりにもあからさまな「ゴマすり」「おべんちゃら」「歯の浮くようなお世辞のオンパレード」を見せられたら、やはりチームメンバーは興ざめ**だ。しっぽを振る姿は、ただ見苦しいだけである。そこに垣間見えるのは、組織のため、チームのため、ではなく、そう、自分のため、評価のため。実力以上に「気に入られておこう」というわけだ。なりふり構わず「自己保身」に走るその姿は、もはや憐れである。

いつも「上」しか見ていないから、「下」からどう見られているのか、ということは気にも留めていないのだろう。基準はすべて「上役が喜ぶかどうか」。そのためなら徹夜もするし、送り迎えの運転手もする。いざとなれば身代わりとなって土下座だって辞さない。そのエネルギーたるや、たいしたものである。

無論、礼儀礼節を持って上の者に尽くすのは悪くない。お互いの立場というものもある。それを尊重した上での関わりは必要だ。しかしこれからはもう、チームメンバーが嫌悪感を抱くことのない、堂々たる振る舞いを心がけてほしい。

そして、**部下を見て、部下のために仕事をしてほしい。それが結局は、組織のため、上役のため、とどのつまりは、自分のため、になるのだから。**

ときには毅然とした態度で、上役にも反対意見も進言するくらいでちょうどいい。**いざ部下のためなら、その上役に噛みついてでも、闘う姿勢を見せてほしい**ものだ。

そんな自己保身に走らないカッコいいリーダーであるなら、部下は「一生ついていきたい」と思い、ますます人望を集めていくのである。

理屈で決断するな「直観」を信じろ

リーダーとは、小さな決めごとから、重大な意思決定に至るまで、それはもう、日々、選択の連続だ。ときには、天国か地獄か、二者択一の断崖絶壁に追い込まれることだって起こり得る。その絶体絶命の局面において、常にズバッズバッと正しい舵取りができたなら、大切なメンバーを乗せた船が沈むことはないだろう。行く末は安泰である。

では、いったいどのように決断を下せばいいのか。意外にも、その答えはシンプルだ。それは、瞬時の「直観」に従えばいい。ただ、理屈ではなく「直観」で決断すると言っても〝勘〟違いしないでほしい。決して「感」だけで判断する直感ではない。

〝観る〟とは、すなわち、真実から目を逸らさずに直視するということ。直面することだ。事実の中の本当の事実だけを、ありのままのあなたの〝心眼〟で観察してほしい。

そのようにして、根拠のある「直観」で選んだ道ならば、間違いはない。にもかかわらず、あなたはつまらぬ正当化をして事実を捻じ曲げてしまうため、結局、誤った判断をしてしまう。「みんながやっているから」「部下に嫌われたくないから」「上役に怒られるから」というように、主体性のない判断は、チームのためにも、自分自身のためにもならない。**「直観」が冴えないのは、「あなたが偽者である」から**だ。「偽者のあなた」というのは、周囲の環境や心ない人々からの悪影響を受け、右往左往しているあなた自身のことだ。

私は、この**「偽物のあなた」のことを〝アナザー〟と命名**している。〝アナザー＝もう一人の自分〟の陰に隠れているあなたは、チーム内に潜む真実も、部下との信頼関係の本質も観えていない。そのために「直観」が鈍り、裏切られたり、はめられたり、操られたりと、さまざまな意趣遺恨に翻弄されるはめになるのだ。その結果、「こんなはずじゃなかったのに」と、ますます〝自分〟を見失い、短絡的なジャッジに偏ることになる。

これからはもう、**すでに正解を知っている「本物のあなた」に答えを聞いてみる**ことだ。肩の力を抜き、正直に、あるがままの自分らしく、決断してほしい。

インテグリティ（高潔さ）あふれる生き方で**「自尊心」を取り戻すことができれば、真実が観えてくる。**そう、面白いように「直観」が冴えわたり、幸せなリーダー人生へと導いてくれるのである。

一刻も早く、アナザーを追い払い、「正しい判断力」を取り戻さなければならない。

命令するな「洗脳」せよ

成功しているチームやリーダーに対し、周囲の者たちがやっかみ半分にからかう共通した陰口がある。その〝口撃〟とは、チームに対しては**「宗教っぽいよね、あの人たち」という僻《ひが》み、**リーダーに対しては**「教祖様みたいだよね、あの人」という嫌味**である。

リーダーが高い理想を掲げ、それを実現させるために、強い信念を持ってチームを一つの方向へ動かそうとするとき、それらは**いい意味での宗教的な色合いを帯びて「理念」となり、メンバーへ脈々と浸透していく。**

ここでいう「理念」とは、いわゆるオフィスの壁に掲げているだけのお飾り的な「企業理念」のことではない。それをお題目のように朝礼で唱和したところで、たいていの部下たちの目は死んでいる。

理念経営がチームにいい成果を生み出すことは、もはや常識となっている。にもかかわらず、「利益追求型」の人たちからすると、そのロジックは頭で理解できても受け入れられないようだ。彼らにとって「金よりも志」で結束したチームなど、到底信じられるものではない。

たしかに、利益を生み出せないビジネスは、所詮、ボランティアにすぎないのかもしれない。しかし、ビジネスにも「ボランティア精神」は必要なのではないだろうか。

「世の中の役に立つ」「社会に貢献する」といった〝使命感〟なくして、部下が真の意味で動機づけられることはない。リーダーが〝洗脳〟しなければならないのは、インテグリティ（高潔さ）に基づいた「ソーシャル・モチベーション」なのである。

いくらインセンティブや人事で釣ろうが、厳しい罰則で脅そうが、一時的な効果しか期待できない。また、「命令されたからやる」「決められた目標はやることが義務」というように、大義もなく走らされていたら、メンバーの心は疲弊していくだけだ。

正しいベクトルに向かって**チームを結束させるためには、「何のために」「誰のために」という意義ある〝理念浸透〟を置いてほかにない。**

リーダーは、部下の「メンター」となり、その〝教え〟を徹底的に洗脳すること。**リーダーが部下から「メンター」と呼ばれたとき、その信頼関係は、揺ぎのない絆となって、チームを動かしていくこと**だろう。

「後方待機」はやめろ 先頭を切って突っ走れ

チームで戦うビジネスの世界も、ある意味では戦場だ。さて、現代のビジネス戦士たちを束ねる指揮官＝リーダー自身は、最前線で〝戦っている〟だろうか。

どうやら姑息で狡猾な薄志弱行のリーダーが多いようだ。

プロジェクト失敗の責任を部下に擦りつけ、一方的に左遷や降格をさせる後方待機型のリーダー。チームの業績低迷の戦犯をまつりあげては叱責・恫喝し、部下を辞めさせていく封建主義的なリーダー。目先の結果と自分の評価のために、ひたすら無茶な命令を下し続ける無知無策なリーダー。

いやはや何とも腹立たしい。**後方待機であぐらをかき、ただ号令をかけるだけなら誰でもできるではないか。**結局〝敗戦〟の責任をとるのは、現場で奮闘するビジネス戦士たちだ。しかし実際、そんな卑怯者リーダーに従う部下はいない。確実に後方待機はチームを潰す。リーダーが安全地帯に隠れていて、真のマネジメントなどできやしないのだ。

リーダーとしてチームを「勝利」へと導きたいのなら、一日も早く安全地帯から抜け出し、常にチームの先頭を突っ走ることだ。幸いにも、職場では命をとられる心配はない。たとえば、トラブルはリーダー自身が矢面に立って対処する、部下の失敗は極限までフォローする、リーダー自身の失敗は素直に認める、チームの低迷はリーダー自身が責任を取る、というように、すべてにおいてリスクをとり、先頭に立つのだ。

本物の勇敢なリーダーであるなら、最前線で弾を受け、蜂の巣になってほしい。それでも、倒れない。それでも、チームのメンバーを守り抜く。そういうリーダーに部下はついてくるのである。

私はこれまで、新商品が発売されたら、もはや営業パーソンではない支社長職であっても、まず私が一番に習熟して見本を示し、真っ先に売ってみせた。

優秀な営業パーソンを街中でスカウトしようと幹部会議で決めたとき、まず私がはじめに街に出て、歩いているビジネスマンに次々と声をかけ、最も多くの名刺を集めた。

大掃除では、組織のトップである私自らが雑巾を持って号令をかけ、積極的に参加した。

リーダーは、常に率先垂範で最前線に立つのだ。先頭に立つリーダーシップが組織にとっての勇気と活力を生み出すことは、いつの時代になっても変わらないのである。

同情を誘うな「骨を埋める覚悟」を決めろ

業績不振のチームを任されることになり、その不遇を嘆いているリーダーは少なくない。「可哀相な自分に誰か同情してほしい」というわけだ。

まあ、同情はする。といってもあくまで、その境遇にではなく、情けなくも救いようのないマインドへの同情である。

チームメンバーへの責任転嫁によるリーダーの「苦悩」、それは簡単に解消されない。なぜなら、なおさらのこと、現状の問題を深刻化させていくからである。

仮に、そんなリーダーが別の優秀なチームを任されたとしても、生産性は悪化していくに違いない。新たなる別の問題に悩まされることになるのがオチだ。

一方で、そうなると今度は、チームメンバーのせいではなく、自分の〝能力の限界〟であると、一見、潔いことを言い出すリーダーもいるが、こうして**開き直り、自己欺瞞を繰り返しているうちもまた愚かである。自分自身はそのまま変わる努力もしないであきらめ**

る、**ズルい生き方**だ。

しかし、チームリーダーとして、そんな無責任な立ち位置でいいのだろうか。

迷路をさまよっているリーダーは、困難から逃げているだけだということを自覚してほしい。問題の本質と直面せず、異動を待ちわびて直訴したり、または、職場を転々としたところで、自分に都合のいい「居場所」などは見つからないものだ。

一日も早く、今いる**その場所で闘い抜く覚悟を固めてほしい**。

問題は、チーム環境でもなければ、リーダー自身の才能でもない。問題は、チームリーダーの「取り組み方」なのである。〝今、ここ〟での真実と直面し、変革へと邁進しなければならない。

「逃げ出したい」というあなたの気持ちは痛いほど理解できる。目の前の問題と思いきり向き合うには、少なからず根気が必要だろう。

しかし、**決して隣のチームの芝は青くない**。

そこに「骨を埋める覚悟」こそが、あなたのリーダー人生を豊かにするのである。

これまであなたが掘ろうとしてこなかったまっさらなその場所から、光り輝くダイヤモンドの原石を発掘できると信じ、がむしゃらにチャレンジしようではないか。

出世をあきらめるな「上昇志向」を伝播せよ

今の時代、野心や出世欲のない控え目なリーダーが増えたものだ。上昇志向は抑えて「そこそこのポジション」で満足なのだと、彼らは言う。

しかし、本当にそれでいいのだろうか。いつまでも「そこそこのポジション」であきらめていたら、それは楽かもしれないが、あなたのレベルは上がっていかないのではないか。

もうそろそろ、人間が本来持っているギラギラした「野心」に背を向けることで、成長を止めていることに気づいてほしい。**出世をあきらめない「上昇志向」の中で揉まれるからこそ、そこに自己成長のチャンスがある**のだから。

あなたは、目標に向かってアクセルを踏みながら、同時に〝自分への裏切り〟というブレーキをかけていないだろうか。心の中では、野心という名のエンジンが悲鳴をあげているのではないのか。

これからはもう、**「もっと出世する」という行為にブレーキをかけている〝偽善者〟を**

運転席から降ろすことである。「自己欺瞞」の矛盾と葛藤から、自らを解放してほしい。
そんな無欲な、いや、「無欲であると思われたい」リーダーの業績は、当然ながら低迷し続ける。慎ましく身のほどをわきまえた宿命を背負い、懸命に働いている、そんな自分に酔いしれているのだ。

リーダーとしての人生は、決して出世がすべてではないが、やはり、**「妥協とあきらめの人生」は不幸である。**ましてや、出世をあきらめたリーダーが、チームメンバーに「上昇志向」を伝播することなどできるはずもない。

チームの成功とは、リーダーが「野心と正直に向き合う」という土台の上に乗るのだ。土台のない成功とは虚構である。出世をあきらめたあなたがつくった「気休めの世界」なのである。

ギラギラした野心と向き合うメンタルにシフトできると、お金を稼ぐことも、競争に打ち勝つことも、すべてにおいて遠慮がなくなる。自分だけが得をすることはあっても「当然のご褒美」であると胸を張れる。

自信満々に成功しているリーダーは皆そうだ。だから、部下の前でも遠慮がない。**堂々とした「野心むき出しな態度」でチームを引っ張っていける**のである。

自分の「人脈」を抱え込むな 部下に開放し退路を断て

生保業界では一般の会社と違い、営業管理職も歩合給制が一般的だ。営業マンもハイリターンの歩合給制である。そのため、営業マン時代にかなり稼いでいたマネジャーや支社長などは、ふたたび営業マンに戻りたいと、自ら降格を望む例も珍しくない。

もちろん、ポジションは適材適所、単なる役割分担であると考えれば、その是非を論じるつもりもない。「一プレーヤーとしてやり直したい」という決断は立派である。

しかし元々、一念発起してリーダー職へチャレンジしたからには、その道で成功したかったはずである。撤退を余儀なくされたのだから、忸怩《じくじ》たる思いもあるだろう。

そうして彼らは再出発への道を歩むのだが、実は、**進むも地獄、引き返すも地獄**である。

かつて卒業したステージで初心に帰り、高い成果を上げられる人は一握りの〝天才〟と、いい意味での〝変人〟だけである。大抵は、プライドが捨てきれずモチベーションが保てない、すでに時代遅れになっている、舐めてかかって潰れていくなどの理由により、過去の成功は再現されることなく、幻と消えていくのである。

では、その生き地獄から解放される道はあるのか。そう、それはまっすぐな一本道だ。

リーダー職に昇進し、張り切ってその道を歩みはじめたとしても、**いざというときに「来た道を戻ればいい」と〝逃げ道〟を用意している限り、やはり甘えが出る。**大きな壁にぶつかれば、引き返したくなるのが人情だ。だから〝逃げ道〟をつくっている本心を正直に認め「Ｕターン禁止」にするしかない。そう、不退転の決意である。

完全に「背水の陣」を敷くこと。そもそも**腹のくくり方が中途半端だから逃げ出したくなるのだ。退路を断てば、前へ前へと進むしかなくなる**ではないか。

たとえば生保業界でリーダーが培ってきた人脈は豊富だろう。営業マン時代のお客さまも数百名はくだるまい。背水の陣を敷くのであれば、その「マーケット」を部下へ開放し、盛んに交流させるべきだ。**やがて引き返したくなる〝そのとき〟の備えとして、いつまでも「あなただけ」が抱え込んでいたのではもったいない。**親しいお客さまほど優先的に引き継いでしまったほうが、あらゆる営業面で得策である。保全対応業務に追われることもなく、**本来のマネジメントにも専念できるし、何よりも、「退路を断つ」ことができる。**

私はリーダーになった途端、自らの人脈を部下へ開放した――。よって今がある。

鬼100則 59

「想像」を止めるな リアルにゴールせよ

危機管理が大切なことは、言うに及ばずだが、ただ、その〝思考の運用〟を誤ると、ネガティブなイメージの牢獄から脱出できなくなる。

彼らリーダーの多くは「理想のチーム像」を心のスクリーンに描くことが苦手だ。どうにも悪い想像を働かせるクセが抜けないというのである。

一方で、成功するリーダーの「想像力」の凄まじさ、これはもう半端ない。

年がら年中、**「理想のチーム像」に思考を集中させた彼らは、そのために何をするべきなのか、すべての生活がそれを叶えるために成り立っている。**

片時たりとも「理想のチーム像」が頭を離れず、着替え中も、歯磨きのときも、入浴中も、通勤途中の電車や車の中でも、仲間と他愛のない冗談を言い合っているときでさえも、ふと頭をよぎるのは、「理想のチーム像」のことばかりだ。それはもう、寝ても覚めても頭がいっぱいである。食事中は、「理想のチーム像」をおかずにして、ご飯を3杯はおかわりができるほどである。

何より、**「理想のチーム像」を想像すればするほど、ワクワク感があふれて止まらず、常に高揚している。**これほどまでに四六時中ずっと想像を巡らせているのだから、実現できないはずがないだろう。

だからどうか、あなたが叶えたいと思う「ゴール」を強くイメージし、24時間３６５日、頭の中をあふれんばかりにしておくことである。

頭の中で鮮明に「理想のチーム像」というゴールを描き出すことができれば、そこでの**〝成功体験〟は現実の世界でのナビゲーターとして大いに役立つ。**

想像の中で予行練習した〝結果〟は現実の世界でもう一度達成されるのだから、達成感を二度味わうことになるのだ。そうなると、一度目にイメージした達成感がどれほどリアルなものになるか、それが成功のカギを握る。

バーチャルな世界からリアルな世界へといざなう**「VR（バーチャル・リアリティ）ゾーン」に身を置くまで、想像に想像を重ねなければならない。**

私の知っている成功者たちは皆、そういった切なる願望に憑りつかれた執念深いリーダーばかりである。

不運に腐るな「風の流れ」を味方につけろ

チームの業績には調子の波がつきものだ。ある程度、好不調の波があるのは仕方がないとして、できるだけ絶好調をキープしたいのは、誰しもが思うところだろう。

それはそうだ、不調が続けば、気持ちが腐ってくる。「あーあ、最近、ツイてないな」というあなたのボヤきが聞こえてくるようだ。

優秀なリーダーはいかにして安定的に好調の流れをつかむのか、それを知っている。そう、**風を読み、運勢を味方につける実力に長けているの**だ。今の仕事量の配分やそれぞれの部下の力量を見極め、ある部下のマイナス面をある部下へ関わって挽回したりと、それはもう天才的とも思える判断力と采配で、確実に仕事を回していく。

たとえるなら、麻雀という4人で競うゲームがわかりやすい。それぞれが東西南北の席につき、東から北にかけて親がぐるぐると2周回るまでの点数を奪い合う。まさに、**どうやって〝風の流れ〟を味方につけるのかが勝負の分かれ目**なのだが、敵は簡単に勝たせてくれない。ちなみに、私が大学生のとき、「ダブル役満」という逆転満塁サヨナラホームランと同じくらい珍しい「奇跡の一手」を何度もあがり、プロの雀士を相手にして勝ちまくったという勲章がある。

まさに、マネジメントとは麻雀ゲームと似ている。何度も何度も大事な選択を迫られ、それを瞬時に決断していかなければならない。結果、成功も失敗もあるが、いちいち一喜一憂していたら、身が持たない。だから、**冷静に結果を受け入れて、常に「平常心」を保つことのできる「精神的な強さ」を持っている人が勝つ**のだ。

負ける人は、裏目裏目に上手く運ばなくなると、カッとなって頭に血が上り平常心を失う。または、「今日はツイてない」とくよくよと嘆き悲しみ、落ち込んでいく。さらに負けが込むとますます意気消沈し、〝風の流れ〟から完全に見放されていくのだ。

一方で、すべての局面でイケイケどんどんの思慮の浅い人も勝てない。平常心で我慢を重ね、いざというここぞのタイミングでギアを上げることのできる人が勝利するのだ。

平常心でゲームを楽しむことさえできれば、「天王山」がはっきりわかる。そして、流れに乗ったらもう一気呵成に攻め立てればいい。

あなたもぜひ、〝風の流れ〟を操れる冷静沈着なリーダーになってほしいものだ。

好かれようとするな「好き」になれ

マネジメントとは、人生におけるすべての人間関係の縮図である。家族の絆も、友情も恋愛も、ビジネスにおけるリーダーと部下の関係も同じ法則の下に成り立っている。

そう、愛すれば、愛されるし、嫌いになれば、嫌われるのだ。これは、人間の摂理だろう。**愛されたい、もっと愛されたいと、いつも愛を求めている人は、結局、誰からも愛を享受することができない。**

同様に、「部下に振り向いてほしい」「言うことを聴いてほしい」「味方になってほしい」と部下の忠誠心に期待したところで、リーダーが望む結果は得られない。だから、余計に焦り、強く求めはじめる。しかし、部下はリーダーの思い通りに決して動いてくれない。

もし、魔法にかかったように部下を自由自在に操りたいと思うなら、もはや言うまでもないだろう。あなたのことを理屈抜きで「好き」になってもらうしかないのだ。

あなたのファンとなる部下が増えていけばいくほど、あなたのリーダー人生は最高潮に達する。「リーダーが黒と言うなら、白いものであっても、それは黒です！」という関係だ。そうなればもう笑いが止まらない。

ときに、そんな結束力で大成功している羨ましいリーダーを見たことがあるはずだ。彼らリーダーがすごいのは、経営能力が高いからではない。**リーダーの「愛する力」だ。部下を好きになる能力**である。こちらが「好き」にならなくては、相手はこちらを好きになってはくれない。だから、**部下に好かれるまで「好き」になることだ。**それしか道はない。

人間は「愛する力」を持って生まれてきた。あなたも本来、愛する能力を兼ね備えているはずだ。ただ、それを十分に発揮できていないにすぎない。

では、**どうすれば、好きになれるのか。それは、あっけらかんと告白すること**である。どんなに欠点だらけの部下であっても、一つや二つは好感が持てる点があるものだ。「○○君のこんなところが好きだなぁ」と、口に出して伝えるといい。すると、これまであまり好感が持てなかった部下であっても、「ああ、自分は彼のことが好きなんだ」と思えてくるから不思議だ。

恥ずかしがらずに、「愛」を口に出してみようではないか。そうすれば、**あなた自身が実は「愛の人」だったことに気づく**はずだ。

背伸びはやめろ「弱点」をさらけ出せ

いつまでも「ええかっこしい」の世界から抜け出せず、完璧主義の亡霊にとり憑かれているリーダーがいる。

部下の前では過剰なほどに「完璧」を装って背伸びをし、日々疲弊している。育成途上の未熟な部下へは「完璧」な要求をしすぎるために、やる気や素質を潰している。環境が「完璧」に整わない組織体制には苛立ちを隠せずにいる。

いやはや、これでは、あまりにも〝遊び〟がなさすぎるのではないだろうか。もうそろそろ「張り切りすぎの痛い人」と揶揄されていることに気づいてほしい。どうせ、本来の〝実力〟は隠しようもないのだから。

完璧を求め、またそれを自らも演じたところで、すでに部下は、まるっとエブリシングお見透しだ。完璧を目指そうと思えば思うほど、部下との距離は離れていく。隙を見せようとしない偽者の完璧リーダーには、部下は心を開かないのである。

そもそも、すべてのメンバーから認められ、支持されることはあり得ない。だから、１００％嫌われない完璧リーダーを目指したら、逆に味方は誰もいなくなってしまう。

であるなら、むしろ自然体で「弱点」をさらけ出し、もっと隙を見せたらどうだろうか。たとえば、知らないことは部下に直接聞いてみたり、あえて頼ってみるのも悪くない。本来なら隠しておきたい失敗談を笑い話にして伝えてみるのも効果的だ。

ときには、頭を下げて謝罪することも必要だろう。部下の前で感動の涙を流すのもいい。**リーダーであるその前に、一人の「人間」である泥臭さやカッコ悪さを見せ、距離を縮めてほしい。**

こちらから、すべて開けっぴろげに弱点をさらけ出せば、部下も同じように弱点をさらけ出してくれる。**完璧の〝壁〟をぶっ壊せば、部下の本音も見えてくる**というものである。

部下は、わかりやすいリーダーを好きになるのであって、何を企んでいるかわからないリーダーには心を開かない。嘘のない丸裸のリーダーのことを好きになるのだ。

リーダーと部下との間で、**お互いの弱点を認め合っているならば、失敗だって許し合える。そして何より、障害や失敗を予測し、それぞれが補い合うことだってできる**ではないか。そうやって「チームプレーの精神」は根づいていくのである。

鬼100則 63

よそよそしい関係をつくるな「大人の友情」を築け

そもそもリーダーというのは、部下に「甘える」のが下手だ。遠慮がちに一定の距離を保っている。ただ、それではまだチームメンバーとの本当の信頼関係は築けない。

甘えることができる間柄とは、**相手の存在を承認した上で、自分の本音も出せる関係**だ。よって、部下に甘えるためには、**ある種の「自信」が必要となる。甘えることは弱さではない。むしろ、甘えたいのに甘えられないことのほうが弱さ**なのだ。もっとチームメンバーの前ではずうずうしく振る舞いたいものだ。それが本来の自然な姿だろう。

人間関係の原則として「Give and Give」の精神が大事だから見返りを期待してはいけない、という先人の教えがある。私もそのとおりだと思う。

しかし、さらに〝進化〟した部下との信頼関係においては、「Give and Take」の「Take」を優先したい。それこそが、マネジメントを自然体で楽しむ奥義なのだ。

お互いに甘えの「Take and Give」を極めれば、「もたれ合いの信頼関係」が生まれる。

お互いを思いやり助け合うことが前提の美しい関係よりも、**甘えたり甘えられたりという一見して見苦しい「もたれ合い」の関係こそが、大人の信頼関係**なのである。

だから、甘えられない部下との関係は「まだ成熟していない」という証拠だろう。

また、いい意味でチームメンバーを利用していくという姿勢も悪くない。その代わり、部下の甘えも認めてあげなければならないし、それをあなたが不快に感じるのならば、真の信頼関係は成り立たない。それでは単なる傲慢なパワハラである。

「依存は弱い人間の証」と思い込み、カッコつけているあなた。もっと部下に甘えてほしい。別人格のアンデンティティが違うことを認めた上で、**部下の好意をあてにしたり、依存したりすることも大切な能力**なのだ。

お金がないときは、カッコつけずに部下から奢ってもらえばいいではないか。

悩みごとがあるなら、腹を割って部下に相談に乗ってもらえばいいではないか。

引っ越しや冠婚葬祭で手が足りないときには、部下に手伝ってもらえばいいではないか。

部下が自分のために貢献してくれることを期待してつき合ってもいいのだ。自分の欲求に素直になり、部下との「甘えのキャッチボール」を楽しまなければならない。

そうやって、**チームメンバーとの〝大人の友情〟を築き上げていく**のである。

馴れ合いに慣れるな ピリピリした「緊張感」をつくり出せ

単なる仲よしこよしの「和気あいあいチーム」は始末に負えない。一見、ほんわかとチームワークがよさそうにも思えるが、業績を見れば一目瞭然、大抵は無残な結果だ。統率がとれないチームは、成果と向き合うことができず、いずれ崩壊していく運命にある。

リーダーを中心に取り組んでいることは何かといえば、主に〝傷の舐め合い〟だ。お互いに励まし合うのではなく、「慰め合うこと」が習慣になっている。そんなふうに仲よしクラブ化されたチームは、いったい誰がリーダーなのかわからない。

勝手気ままに拘束されることなくマイペースで働きたい、とやかく指示されたり強制されたくない、というのがメンバーの〝本性〟だ。よって、仲よしファーストのリーダーは、事なかれ主義になり、部下の愚行を黙認し、怠慢を放任してしまう。情けないことに、日々、「見て見ぬふり」を繰り返しているのである。

部下の自主性に任せることも、ときには重要であろう。しかし、**気を引き締めなければ、**

低きに流されていくのが大半のチームメンバーだ。リーダーが部下からの反発や衝突を恐れ、管理・指導をすることを避けていては、チームの統率はとれなくなる。

ひとまず部下の拒絶反応からリーダーが逃げてさえいれば、当面、チームの「羊たち」はおとなしくしているのかもしれない。

しかし、**従順さという「羊の皮を被った狼の群れ」**ほど、やっかいな集団はない。〝羊たちの沈黙〟ほど、恐ろしいものはないのだ。中途半端に踏み込めば、足元を見られて抵抗され、ストやクーデターも持さないケースもある。

だからといって、リーダーは怯んではいけない。**徒党を組み、油を売っている集会の場に踏み込んででも、彼らの行動を正す覚悟を持って臨まなければならない。**

リーダーは決して、部下たちと馴れ合い、群れてはいけないのだ。そして、命令を下すことから逃げてはいけないのである。

お互いに「悪いものは悪い」と指摘し合えるような、ピリピリした緊張感のあるチームを構築してほしい。その勇気ある一歩を踏み出すのは、まずリーダーからだ。

リーダーこそが一番強い「狼」となって、「羊の皮を被った狼の群れ」を統率していくのである。

可哀相と思うな「いい人」を卒業して非情になれ

どこのオフィスも〝いい人〟だらけ。**「天使のリーダー」が今、全国で増殖中**だ。母親のように過保護で、兄弟のように仲がよく、恋人のようにちやほやしてくれる、天使のような存在。そんなリーダーが増えている。

部下は、激しく叱られたことなど一度もなく、厳しい指導もめったにされない。業務指示をするときは、いつも腰が低く遠慮がちだ。嫌な業務からは逃げまくり、目標を達成できなくても許されて、たいていの失敗には目をつぶってもらえる。遅刻しても怒られることはない。それでいて、評価はいつもAランクだ。

ときどきランチやお酒も奢ってくれるし、風邪だとズル休みをしても、翌日には栄養ドリンクを買ってきてくれる。出張帰りには、部下好みのお土産も欠かさない。

したがって、「天使のリーダー」は、部下からは人として嫌われていない。まあまあ、好かれている。

しかし、リーダーとして尊敬されているかどうかは疑問だ。逆に、舐められているといってもいい。

自分が嫌われたくないだけの行為には、どこか嘘がある。だから、信頼されないのだ。どんなにいい人を演じてみても、リーダーとしての評価は散々である。部下からは腹の中で軽蔑され、上役からの評価はいつも最低ランクだ。なんとか人柄だけで生き延びている。

優しいだけのリーダーは、まったくと言っていいほど「成果」に向かっていない。それでは部下が育つはずもないだろう。

中途半端なお情けは部下のためにならない。成果と向き合う苦しみを乗り越えてこそ、部下はたくましく成長していくものだ。また、そこから逃げ出そうとする部下を意地でも「最前線」へと連れ戻すことがリーダーの責務ではないのか。

ただの「ええかっこしい」とは、もう訣別しなければならない。部下に同情するのではなく、愛を持って非情になってほしい。それが、あるべきリーダーの姿だ。

嫌われたって構わずに、正しいことを正しいと指導する。そんなリーダーは、結局、嫌われない。最後に笑うのは、愛を持って非情になれるリーダーなのである。表面上の優しさが愛だと勘違いしているリーダーは、そろそろ、その〝愚かさ〟に気づくべきである。

小手先の育成に逃げるな「自分自身」を育てろ

チームの業績が上がらない原因はリーダーである自分のせいではなく、「部下が思うように働いてくれないからだ」と思い込んでいるダメリーダーがいる。

バカを言っちゃいけない。リーダーのナレッジが未熟だから、メンバーのナレッジも向上しないのだ。リーダーにスキルがないから、メンバーのスキルも磨かれないのだ。リーダーのモチベーションが低いから、メンバーのモチベーションも上がらないのである。

そんな思い上がったリーダーが、組織を改善する課題・対策として真っ先に掲げるのが「部下の育成」なのだから、笑うに笑えない。

意識するしないにかかわらず、部下はいつもリーダーを「観察」している。

勉強熱心なリーダーのチームは、メンバーも商品知識が豊富で常に最新の情報をつかんでいる。プレゼン能力が高くマニュアルを熟知しているリーダーのチームは、メンバーのトークテクニックもハイレベルに上達している。毎日のように早起きで出社も一番というリーダーのチームは、メンバーも朝早くから始動している。

すべては、観察している部下が「影響」を受けた〝結果〟だ。まさにチームというのはリーダー自身をそのまま投影している。自分を映し出す「鏡」なのである。


自らの成長を止めておいて、「部下を育てます」が口癖になっているリーダーは傲慢不遜だ。どれだけ立派な育成計画を掲げ、部下を育てようと、まともに育つはずがない。

リーダーは部下と同じ成長曲線の上に乗らなければならない。一緒に手に手をとって育っていくのである。**「部下を育てる前に、自分自身を育てろ」**と言いたい。

たとえば、数多くの良書を貪るように読み漁る、実費を払ってでも外部研修を受ける、時間を割いて多くの優秀なビジネスパーソンから情報を収集する、常に最新の技術を身につけるためのトレーニングを継続する、ときには座禅を組むなどの精神面も鍛える、という具合だ。


現実逃避するかのごとく、たびたび居酒屋やバーに足を運び、部下への愚痴を肴に酒を飲んだところで、あなたのチームが抱えているストレスを発散することはできない。

とことん自分を磨いて鍛え上げ、進化する動きを止めないこと、それこそがチームを成長させる近道なのだ。

鬼100則 67

言い訳や責任転嫁を信じ込むな「潔い心」を育てよ

あなたも年に一度くらいは、人間ドックや健康診断を受けていることだろう。であるなら、同時に、あなたの大切なチームメンバーが世にも恐ろしい伝染病に冒されていないか、心の定期健診を行ってほしい。

その伝染病とは、部下の人生を破壊する恐れのある厄介な病原菌を持つ「せい病」のことだ。「せい病」を発症しているメンバーは、常に自らの努力不足やスキル・知識の低さを棚に上げる。できない理由を景気やマーケットのせい、会社や商品のせい、そして、彼ら自身の体たらくによる低評価さえも、リーダーのせいにしている。

被害者を装った彼ら「せい病」患者たちは、ウイルスに感染している自覚症状がない。だから、目の前の課題と直面しようとせず、頑なに「自分は悪くない」と思い込み、言い訳や責任転嫁を繰り返す。**誰かを恨み、何かに憤り、いつも嘆いている。ぶつけようのない苛立ちと閉塞感いっぱいの世界であきらめの境地を彷徨《さまよ》い、やがては〝被害者病棟〟へ**

と堕ちていくのである。

決してリーダーであるあなた自身も他人事とは言いきれない。そもそも**チームメンバーの「せい病」は、リーダーである「あなたのせい」**なのだから。

あなたのチームを決して地獄の「被害者病棟」にしてはいけない。細心の予防ケアが必要だ。「誰のせいでもない。原因は自分にある」と自覚させること。何度も何度も何度でもこの言葉を呟き、伝え続けることが予防ワクチンになる。

「せい病ウイルス」からチームを守るには、まずはリーダーをはじめとするメンバー全員の免疫力を高め、あとは徹底的に感染経路を断つしかない。できる限り、外部や他部門の「せい病患者」と接触させないように、隔離することである。

「せい病ウイルス」は、もの凄い速さで伝染し、勢いを増しながらさらに増殖していく。メンバーが屍になるまで食い尽くしていくのだ。そんなとり返しのつかないことになる前に、**降りかかるすべてのことは「自分のせい」という解釈の下、潔く責任のとれるチーム文化を醸成してほしい。**

いつも清潔、潔癖、純潔な心で働いてほしいものだ。病原菌を寄せつけない「潔い心」を育てることである。

罪を裁くな 部下を「反面教師」とせよ

人間的に未熟な部下への指導はひと筋縄にはいかない。

マナーやエチケットを知らず、道徳観や倫理観も低い。勉強嫌いで、教養や常識もまだ足りない。借りた物は返さないし、恩義も感じていない。私生活もだらしなく、不健康な暮らしぶりだ。平気で嘘もつくし、自己中心的に人を見下している。

「奴らは最低ランクの人間だな」という怒りのこもったあなたの叫び声が聞こえてくるようだ。日々、腹の底で斬って斬って斬りまくる〝裁きの嵐〟が渦巻いているに違いない。

なるほど、厳しい非難を加えたいあなたの気持ちは、痛いほどよく理解できる。

しかし、その憤りの裏側に隠れているあなたの〝傲《おご》り〟に対し、私は危険を感じずにはいられない。

部下を非難するとき、「自分は彼らとは違う人種だ」というような気持ちで部下を見下し、**「自分はいい人、彼らは悪い人」という倫理観で区別していないだろうか。**

もちろん、ときにはリーダーとして謙虚になり、鏡の法則に従って「反面教師」にすることもあるだろう。ただ、心配なのは、その**反面教師の中に傲慢さが垣間見える**ことである。その勘違いが、いつか過ちを生む恐れを秘めていることを自覚するべきだ。

部下を見下すその前に、あえて謙虚に自己評価してみることだ。自分は部下を裁く資格があるのかどうか、本当にいつも完璧なのか、ということを自省してほしいのである。

「自分はあんな人間じゃない」ではなく、「自分もあんなことをしてしまわないように気をつけよう」という心構えを常に持ってほしい。

それが本当の反面教師ではないだろうか。これからはもう、正義の仮面をかぶり、非難する〝エセ裁判官〟になってはいけない。**裁かれている部下と裁いているリーダーであるあなたは、人間としては紙一重**なのだから、気づかぬうちにあなただって、チームメンバーに裁かれているかもしれないと思ったほうが賢明だ。

一方で、部下を見下していると、それらの愚行を見て安心してしまうという傲りも生まれかねない。「ああ、バカだな」と見下して安心するのではなく、**「愚かな部下」と「棚に上げた自分」を重ね合わせてみようではないか。**

そこから、あっと驚く「反面リーダー」の正体が見えてくるかもくれない。

「安定」を求めるな 栄光を捨て続けろ

さまざまな困難に耐え忍んだ奮闘努力が実を結び、リーダーとしてそれなりの地位や収入を手に入れてしまうと、皆それを手離せなくなるようだ。それは人の性なのであろう。「よーし、いいぞ、このままこのまま」と、そのポジションにしがみつき、生ぬるい仕事に甘んじたくなるものらしい。

競争して勝ち得た管理職の椅子や高額な年収だけでなく、時間をかけて確立した管理メソッド、蓄積された専門知識や特殊技術、地道に耕してきた豊富な人脈など、それらが身を削るようにして到達したステージであればあるほど、現状に酔いしれたくなる。

まあたしかに、「そろそろ楽をしたい」というその気持ち、わからなくもない。

しかし、**この世は諸行無常である。ぬるま湯の極楽が永遠に続くことなどあり得ない。**そこそこの実績に満足し、現状のキャリアを保とうとして守りに入れば入るほど、すべては低きに流されていく。成功のステージへ上った「極楽とんぼ」を、次なるステージへと自動的に運んでくれるほど、ビジネスの世界は甘くない。

あなたは**成功へのエスカレーターに乗ったつもりかもしれないが、今ボーッと立っているのは、冷酷な〝非情〟階段の「踊り場」である**ことに気づくべきだ。

ささやかな成功にしがみつきたい深層心理に棲みついているのは、慢心という名の妖怪である。**その恐ろしい妖怪を追い払うためには、天狗のように高く伸びきった傲慢なその鼻を自分の手で真っ二つにへし折り、怠惰にだらけきったその体に鞭を打つしかない。**表彰状を破り捨て、しがみついている「過去の栄光」と訣別しなければならないのだ。

今まで私は、安定を求めたリーダーが次々と脱落していく憐れな末路を、この目で見てきた。保身に執着する安定の先には、恐ろしい結末が待っている。それは深い落とし穴だ。あなたは暗い牢獄の中で、奴隷として生きたいというのか。

平穏な現状に満足すればするほど、刻一刻と「そのとき」は近づいてくる。しかし、そのときになってからでは、もうとり返しがつかない。

それが嫌なら、あなたはこれから**現状維持を〝捨てる決断〟を繰り返す**べきだ。

そして、「苦しみ」の先にある次のステージを目指し、階段を登り続けていくしかない。

それこそがリーダーの美学なのである。

鬼100則 70

高慢になるな どこまでいっても「超謙虚」たれ

チームの業績が上昇曲線にあるときのリーダーというのは、大抵「謙虚さ」を失っているものだ。だからたとえ、調子の波が下降線をたどりはじめたとしても、すぐにそれと気づかない。そう、恐いのは、あなたの「高慢さ」だ。

本来なら、改善すべき正論であるはずの同僚からの助言も「文句や妬み」にしか聞こえなくなり、的を射た警告であるはずの上役からの金言も「説教やおせっかい」にしか思えなくなる。そして何より、**最も耳を傾けなければならない部下からの〝ダメ出し〟にも、一向に改心する様子もない。**

どうやら、好業績が続いて偉くなればなるほど、謙虚さを喪失してしまうようだ。

イエスマンの部下ばかりを寵愛し、高慢な態度で子分のように従えるようになったら、あとはもう時間の問題だ。遅かれ早かれ、しっぺ返しがやってくる。「いい気になるなよ」という試練にガツンと頭を叩かれ、ピノキオのように伸びた鼻っ柱をへし折られる。

怒り心頭に逆ギレするばかりで、

それでもまだ「こんなはずじゃない！」と言い放つ懲りない面々もいるようだ。愚かにも、絶好調時の幻想に溺れ、茫然自失のまま淘汰されていった一発屋リーダーも少なくない。彼らは、**「部下のおかげ」を忘れ、「俺は凄い」「私の功績」などと思い上がり、人心が離れていってしまった**のだ。そんな彼らリーダーが、どん底の挫折感を味わうことは必然だろう。

そこではじめて、地獄から立ち直ろうと、やっと自らを戒めることになるのだが……。そうして改心し「謙虚さ」を取り戻そうとするまではいい。しかし今度は、その「謙虚さ」を中途半端にはき違えてしまうリーダーが現れる。「自己卑下」してしまうのだ。

極度の失敗から自信を失ってしまうのも無理はないが、**謙虚であることと「卑屈になる」ことは正反対の意味**だ。ペコペコと卑屈になって周囲の同情を誘うことではない。自己主張を控えて部下のわがままな言動に振り回されることでも、もちろんない。

やはり、卑屈にならない本物の「超謙虚さ」がなければ、よい成果を挙げ続けることはできない。**「おかげさまで」という超謙虚パワーを発揮するからこそ、チームメンバーから一目置かれ、支持され続ける**のだ。チームに好循環が生まれ、上昇曲線はますます右肩上がりに伸びていくのである。

苦難・試練に負けるな「自叙伝のネタ」にする気概を持て

もしかするとあなたは今、「思い通りに部下が動いてくれない」「業績は上がったり下がったりと安定しない」、そんな現実に「もう最悪だよ」などと、泣き言を漏らしてはいないないだろうか。

ときには、部下に裏切られ、人間不信に悩むこともあるだろう。ときには、赴任してきた鬼のような上役から激しい恫喝に遭うこともあるだろう。ときには、株価の下落による不況の影響を受け、収入が激減することもあるだろう。

ところがどっこい、そもそもチームメンバーは自分自身を映す鏡なのだから、すべての人間関係は自業自得だ。パワハラ上司の類は、多かれ少なかれ、どの組織にも生息している。景気などはもともと不安定なもの、それを当てにするほうがおかしい。

であるならば、**どうにもならない不合理な出来事に対して「泣き言」を言い、落ち込んでいるなんて、〝二重の苦しみ〟になってしまう**ではないか。それではあまりにも悔しすぎるし、チームを牽引するリーダーとして情けない。

これからはもう、それらの厳しい現実に対し、「自らが選択した結果」という解釈を持ってまっすぐに受け入れてほしい。たとえその選択が「不正解」だったと悔やむような試練が訪れたとしても、**いずれ「いかなる失敗や障害も〝大正解〟だったことにしてみせる」という気概こそが、現状を突破するパワーを生み出す。**

そのためには、心が折れないよう、あなたの前向きなメンタリティを徹底的に磨いておくこと。常に何事も素直な心で肯定的に解釈し、「これもまた大正解にしていく」というフレーズを唱え続けるのだ。後々になって、「ああ、そうか。あのときのあのことがあってこそ、今の成功がある」という、人生大逆転の解釈がパワーの源となるのである。

苦難や試練のすべては、いずれ「自叙伝のネタにしてやる」という生き方に進化してほしい。そのシナリオが、悲劇的な境遇から一発どんでん返しとなるストーリーであればあるほど、面白い展開となるのではないだろうか。

その解釈の積み重ねが、これから5年後、10年後と継続していく成果を生み出すのである。依存する誰かに裏切られることも、頼りない何かにすがることもない、そんなリーダー人生を、自分自身の足で歩んで行こうではないか。

鬼100則 72

ビビッて縮こまるな「ゴジラ」のように上から見下ろせ

リーダーでありながら、なんとなく自分が頼りなく感じ、リーダーシップを発揮できていないもどかしさに苛まれることがある。

そんな焦燥にかられたときには、ゴジラのように大きくなって、小さなオフィスビルを上から見下ろす、というイメージを持つといい。するとと不思議なくらいに「デカい気持ち」を持てるものだ。

私は新卒社員のときから、自分が会社の中心的存在なんだと思い込み「ゴジラ」のように働いてきた。支社長になっても、経営陣に迎合することなくトップの意識を持ち「ゴジラ」のように豪快に行動してきた。

現在は営業本部のど真ん中にいるが、その新規チャネルをゼロから立ち上げた初めの一滴（一人）であった私が「ゴジラ」のように突き進む主役でいなかったら、大きな川（数百名）となって流れることはなかった。**組織という舞台の主役はいつも自分であり、気持**

ちよく「ゴジラ」を〝演じて〟きたのである。

リーダーが１００人いれば１００通りのチームが生まれ、１００通りのドラマができあがる。たとえ平々凡々なリーダーであるあなたであったとしても、あなた自身の人生ドラマにおいては、かかせない存在となれる主役なのだ。

そして〝脚本〟を書いているのもあなた自身。チームメンバーとの関係性や配役は、すべて自分自身が創造した産物であり、脚本家のあなたが描いた物語だ。と同時に、あなたの周りに見えている映像は〝演出家〟であるあなた自身が好んで撮影している景色なのだ。

主演・脚本・演出と、すべてはあなたの意志が現実をつくっていくのである。

ときとして、ドラマの主役には**試練や苦難がつきものだが、ハプニングがなければ物語は面白くない。**結末には、どんでん返しもあるし、正義は必ず勝つ。

主役だからこそ、不撓不屈の精神で最後まであきらめずにその困難を乗り越え、チームの目標を達成し続けることができる。主役だからこそ、常にチームの先頭に立って道を切り開き、メンバーが憧れるモデル的存在になれる。主役だからこそ、失敗を教訓にして謙虚に学び続ける姿勢を忘れず、部下へ感謝の気持ちを持って信頼関係を構築していける。

さあ、ビルより大きくたくましい「ゴジラ・リーダー」を目指そうではないか。

「抵抗勢力」に屈するな 変革を推進せよ

今や「一年ひと昔」だ。時代はもの凄いスピードで変化している。よって今、時代の変化からとり残されたリーダーは大苦戦しているようだ。

極端にたとえるなら、着物を着て下駄を履き、馬やリヤカーに乗って働いているような、まるで時代錯誤なリーダーがいる。江戸時代はもうとっくに終わったのだから、洋服を着て靴を履き、車や電車に乗って働いてもいいのである。一日も早く、〝ちょんまげ〟をとってほしいものだ。

古い伝統にしがみつき、ずっと昔ながらのやり方を信じて、時代に取り残されているリーダーというのは、〝鎖国政策〟をとっている江戸幕府と同じなのである。

その結果、もはや「現場が見えない古いリーダー」と「悪政に苦しむ部下たち」との信頼関係は崩壊寸前だ。現場のチームメンバーは悲痛な叫び声を上げている。

私の周辺にも進化しきれない〝ちょんまげリーダー〟たちが、まだまだ生き残っている。

変化を止めたリーダーに共通しているのは、トップであるリーダーの頭が古くて固いということはもちろん、彼らが皆、〝悪代官〟であるという点だ。**目先の評価や利益を捨てきれないのだ。それが変革への重い足かせになっている。**

一方、変革へ舵を切ろうとしたところで、反発や障害を恐れて動けない、という側面もあるに違いない。**変革には、抵抗勢力と闘う「痛み」を伴う**からだ。

しかし、たとえ「変革派1割、抵抗勢力9割」であったとしても、あきらめてはいけない。抵抗勢力の中にも「中間派」が潜んでいる。そう、彼らはいつも、**リーダーであるあなたの「闘う覚悟」をジャッジしているのだ。**あなたのブレない行動次第では、一気に流れが変わり、「変革派9割への大逆転」も起こり得るのである。

かつて私も「ちょんまげ組織」を任されるたびに、さまざまな〝一揆〟と闘ってきたが、**いかなるときでもファイティングポーズだけはとり続けた。**

リーダー自らがいつまでも「悪しき慣習」にしがみついていたり、抵抗勢力と闘う「痛み」から逃げている限り、変革は進まない。**メンバーは常に、リーダーの背中を見ている。**だからどうか、自らのエゴや部下の反発と真正面から向き合って行動し、チームの近未来に目を向けてほしい。「変革への第一歩」を踏み出すのは、まずリーダー自身からだ。

鬼100則 74

「裏切り者」に翻弄されるな　協力者を引き寄せろ

残念ながら**どこの組織にもリーダーの足を引っ張る「悪魔」がいる。**

リーダーの掲げる方針のあげ足を取り、後ろ向きなマイナス面だけを触れ回る。さらには、陰でリーダーの悪口を広め、チームを弱体化させていくのだから恐ろしい。「リーダーはA君の悪口を言っていたよ」とA君本人に親切そうに囁き、「A君はリーダーの悪口を言ってましたよ」とリーダーへの忠誠を装う。そうしてあたり一面にトラブルの種を撒いて水をやり、愉快犯のようにチームを壊していくのだ。

その悪魔は、意外にも頭は切れるし、従順な〝演技〟も天才的だ。**表向きの協力者を装っているため、その〝秘めた悪意〟の存在になかなか気づかない。**しかも、「やり手の裏切り者」はあなたのすぐそばにいる。ほら、後ろを振り返ってみてほしい。悪魔が不気味にほくそ笑んでいるはずだ。一刻も早く、その悪魔をチームから追い出すことである。

悪魔のような側近を追い出した瞬間から、業績が右肩上がりに急上昇したというチームを、私は数えきれないほど見てきた。同じようにあなたも裏切り者が自ら出ていく究極の「悪魔祓い」を実行に移してほしい。〝秘めた悪意〟を持った裏切り者は、弱い心が大好物だ。「人の不幸」を餌に生きている。だから、ネガティブな弱さに鼻が利く。

こうなったら、正義で対抗するしかない。**リーダーがインティグリティ（高潔さ）を貫き、正しい方向へ向かっていくほどに、悪魔の正体が見えてくる。**醜い犯罪に気づく。そうなれば、一気に直接対決だ。強くてブレない信念と勇気を持って「正対」してほしい。

犯罪者を容認する行為と、過ちを赦《ゆる》す寛大な心とは、まったく別物である。**正々堂々インティグリティを貫けば、もう悪魔の居場所はなくなる。**リーダーのインティグリティは、ドラキュラを撃退する「日光」「十字架」「にんにく」みたいなものだ。断固としてリーダーがブレなければ、裏切り者は自ら去っていき、もう近寄ってこない。

一方で、**埋もれていた協力者が次々と現れ、活発な行動をはじめ出す。**強くて清く正しい信念は、裏切り者を遠ざけ、協力者を引き寄せるのだ。あなたの方針をチームメンバーへ代弁してくれる部下、あなたの課題を積極的にサポートしてくれる部下、あなたの代わりに正しい情報を集めてくれる部下。そうした心強い「天使の協力者」を得て、あなたのチームは水を得た魚が泳ぐ澄みきった清流のように、勢いよく流れ出すのである。

悪意の罠に屈服するな　やられたら「リベンジ」せよ

〝十字架〟の通用しないドラキュラ社員からの巧妙な罠や陰謀、いわれのないバッシングや逆恨みによるテロ攻撃、それらを受けた場合は、いったいどうしたらいいのだろうか。ヘタに対応を誤れば、ハラスメントで訴えられかねない。そのため、あなたが慎重な〝措置〟で対抗しようと、ぐずぐず、あたふたしてしまうのも無理はない。

だからといって、いつまでも及び腰で泣き寝入りしていたら、邪悪な部下はつけあがり、あなたへの「イジメ」はエスカレートしていくばかりだ。

どうか悪意の罠に屈服しないでほしい。邪悪な部下とは闘うしかないのだ。**正々堂々と受けて立ち、ファイティングポーズを崩すことなく「リベンジ」すべき**なのである。

リベンジといっても、ただ報復するというより、正当防衛の意味を持つ。要するに、「売られた喧嘩は買え」ということだ。たとえば、いわれのない誹謗中傷には、タイマン覚悟で話し合い（果たし合い）のテーブルに着く。会議の発言に悪意ある揚げ足をとられたら激しいディベートで言い負かす。というように〝正義の鬼〟となるのである。

何を隠そう、かつての私の弱点は、**「物わかりのいい寛大さ」**であった。**攻撃的で邪悪な部下からの嫌がらせに対し、事なかれ主義で対応してしまいがちだった。**愚か者を相手にしたところで時間と労力の無駄になるだけだからと、邪悪な部下から逃げてしまう癖があったのだ。それが楽観的で「ポジティブな解釈」なんだと、勘違いしていたのである。

「愚か者は相手にしない」という生き方は、「金持ち喧嘩せず」的で余裕のある人格者のようだし、平和主義者のようで格好よくも見えるが、それはただ、問題に直面する勇気がなかっただけなのだと、今なら素直に認めることができる。

思い返してみれば、それらの**〝ニセポジティブ思考〟がどれだけチームに悪影響を与えたのだろう**と、今となってはぞっとするほどだ。放っておけば、テロ行為は留まることを知らない。敵から逃げている限り、問題の本質は何も解決しないのだ。

だからたとえ、あなたの反撃が返り討ちに遭おうとも、怯んではいけない。やられてもやられても立ち上がるのだ。**勇気を持って踏み込めば、解決の道へと動き出す。**最大の敵は自分自身。邪悪な部下と向き合う前に、自分自身の正義の心と向き合ってほしい。

健全なチームメンバーは、そんな**あなたの「鬼の覚悟」を見ている**のである。

第4章

Habits
～鬼習慣～

人間の心というものは、
活動が止まってしまうと雑草が生えるものだ。

ウィリアム・シェイクスピア

成功への階段のエレベーターは故障中だ。
階段を登りたまえ、一段ずつ。

ジョー・ジラード

インスタント食品はお客様が食べるときは即席だが、
私たちが作るときは即席ではない。

安藤百福

暗い顔を見せるな「機嫌」をコントロールせよ

体調不良で元気が出ない朝もある。出がけに夫婦喧嘩になることもある。携帯や財布をなくし落ち込むこともある。家族が入院してしまうこともある。猛暑で汗だくの日もあるし極寒の凍えそうな日もある。景気が最悪のときもある。リーダーだって人間だ、そんなときは〝上機嫌〟ではいられまい。

しかし**部下は、リーダーの機嫌に敏感だ。常に顔色を窺っている。**ミスの報告をしても叱られないタイミングを窺い、業績の芳しくないレポートを提出するタイミングを窺い、有給休暇を申し出るタイミングを窺っている。なるべくリーダーの機嫌のいいときに近寄って、機嫌の悪いときには遠くから眺めているという、絶妙な距離感を保っているのだ。

機嫌の浮き沈みやイライラが激しいリーダーであればあるほど、部下は常にリーダーの喜怒哀楽にビクビクし、余計なエネルギーを消耗するはめになるわけだ。

ところが、肝心なリーダー本人は呑気なもの。機嫌をとってくれる部下に甘え、やりたい放題、我が道を行く。自分の機嫌には「鈍感」なようだ。そうして**リーダーの機嫌に左右されたチームの士気は上がったり下がったりと、大きな影響を受ける**のである。

不機嫌であることを自覚し、意識的にコントロールできていればいいのだが、子供のような気分屋リーダーには、チームの生産性を上げることはできない。

だからどうか〝**上機嫌**〟**という名の最高級のスーツを身にまとい、自らの感情をコントロールする強さを見せてほしい。**決して落ち込んだ様子も見せてはいけない。「悩みなんてまったくないんじゃないですか！」と言われる〝上機嫌〟なリーダーを目指すべきだろう。

人生には３つの坂がある、と言われている。上り坂と下り坂、そして、「まさか」である。

現実はジェットコースターのように山あり谷あり。どうにも脱出できない不運もある。しかし、不遇な環境や業績不振をも、ジェットコースターのように「キャー！」と楽しめるようになれたら、事態は一気に解決に向かい、好転しはじめる。

そんなリーダーの「強さ」に、チームメンバーは救われるのだ。黙って座っているだけでもいい。**大切なのは、心の安定感だ。リーダーはどんなときでも、何かにとらわれている「弱さ」を見せてはいけない。**

部下はあなたのまるまった背中をよく見ているのだから。

鬼100則 77

停滞させるな スピードと「回転率」を上げさせよ

衰退するチームの特徴とは、異様なまでの〝のろま体質〟だ。「失敗しないように失敗しないように」と、マイナスポイントをつくらないことを最優先に、グズグズしている。

それでは、ただひたすら守りに徹している部下たちも無気力になる一方だ。

さらに、慎重派リーダーは、失敗した部下には、容赦なく原因を追求して謝罪や反省を迫る。チーム内をがんじがらめにすることがマネジメントの真髄だと大きな勘違いをしているのだ。

失敗を嫌うリーダーからの評価が高いのは、何事も無難にこなすチャレンジしない部下である。「できない理由」を巧妙に正当化する〝動かない部下〟を寵愛する。一方では、チャレンジに失敗した部下を責めるのだから、チームの生産性は上がるわけがない。

生産性の低い部下は、決して「能力が低い」のではなく、ただ単に「行動が遅い」だけなのだ。生産性の高い部下が1カ月で片づけてしまう仕事を2カ月かけているだけであり、

1週間で終える仕事をグズグズと2週間かけているだけなのである。とにかく、何事も後回しにしたい。今日できる仕事でも明日にしたい。今週できる仕事でも来週にしたいのだ。

チームに大きな成果をもたらしたいなら、じっくり慎重な仕事を目指すより、スピードを上げて目の前のやるべき仕事を一刻も早く終わらせるよう、部下へ徹底指導することだ。部下のお尻をバンバン叩くイメージで、次々と仕事を終わらせることである。

スピード決着がついたあとの合言葉は、「さあ、ネクスト！」「リ・スタート！」。**あらゆるビジネスの収益率の要は、「SNS（Speed・Next・Start)」と「回転率」なのである。**

部下の失敗に寛容なリーダーというのは、積極性や主体性を育てることに熱心なため、失敗を恐れずチャレンジする部下の行動を公平に評価することができる。

仮に、自身の行動に消極的な兆候が表れたとしても、すぐにそれを察知して攻めの姿勢に修正することもできる。マンネリ化した施策や時代遅れの販売戦略が「後退」を意味していることを知覚しているのだ。**正真正銘のチャレンジャー体質**なのである。

リーダーにとって必要不可欠な行動特性とは、優秀なアスリート同様の「スピード＆チャージ」であろう。勇気を持ってアクセルを踏み、スピードを再加速することのできるリーダーだけが勝ち上がっていくのである。

言霊を甘く見るな 魔法の口ぐせを操る「預言者」たれ

いいことも悪いことも、それはもう恐いくらい、リーダーが予言した通りに的中していく。**「リーダーの言葉がチームの未来を創る」と言っても過言ではないほどに、魔法の力が宿っている。そう、リーダーは〝予言者〟**なのである。

私が外資系生保の支社長としてデビューした頃というのは、「100名体制の外資系生保ナンバーワン支社をつくる」というのが私の口ぐせだった。このビジョンを連呼しているうちに、赴任当時は退職予備軍ばかりで潰れかけていた40名の支社が、3年後には100名の陣容（うちMDRT35名を輩出）を超えるまでに組織を拡大することができた。

しかも、他支社の追随を許さない断トツの成績でぶっちぎりトップだった。こうして今、振り返ってみると、あれは私の言霊により、部下が予言通りに動き出した〝魔法〟であったに違いない。

「業界では類を見ない固定給制のハイブリッドチャネルを創り上げ、革命を起こそう」

と宣言し、ゼロから一人ぼっちで準備をはじめてからも、あれよあれよという間に仲間が集まり、数百名の直販組織に成長した。しかもまた高生産性の組織ができあがった。

さらにこうして、この数年間で10冊以上の書籍を出版できたのも、常に私が「二刀流のベストセラー作家になる」と言い続けてきたからこそ実現した〝言霊の成せる業〟だ。

どうやらビジネスの世界には、**言霊に吸い寄せられる磁石のようなエネルギーが存在するらしい**。ポジティブな口ぐせをアウトプットすると同時に、自分へもその口ぐせをシャワーのように浴びせることで、**強いセルフイメージができあがる**。あとは脳に刷り込まれたイメージ通りに実行していくだけだ。

決してリーダーの言霊を甘く見てはいけない。**悪い予言も倍速で的中する。取り扱いに気をつけなければ、繊細な部下はパタッと働かなくなる**。心配からくる不吉な発言、後ろ向きな愚痴、自虐ネタの冗談だって実現してしまうから恐ろしい。リーダーの迂闊《うかつ》なひと言が部下を窮地に追い込むことにもなりかねない。

リーダーの理想や願望に基づき、「幸せのビッグマウス」をもっともっと盛ってほしい。

ただし、その言葉にはリーダーの「魂」を込めなければ何も実現しない。

リーダー自身の口ぐせが本物になるまで徹頭徹尾、自らの「魂」に語り続けることである。

鬼100則 79

方針を埋もれさせるな「流行語」にして広めろ

リーダーがどんなに立派な方針を打ち出したとしても、残念ながら、それがチーム全体に浸透するとは限らない。方針を強引に押しつけたところで逆効果だ。

でもどうか、あきらめないでほしい。決してあなたの方針が間違っているから浸透しないのではない。方針を一気に浸透させたいなら、もう少しインパクトを加えればいいだけだ。そう、**「チーム内に流行語を広める」という魔法のような仕掛け**がある。

ひと昔前、私が営業マネジャーだった時代にはこんな「流行語」が飛び交っていた。「ホップ・ステップ・ネギップ」。特に「ネバーギブアップ」を略した「ネギップ」は、チームの流行語となって一世を風靡し、あきらめない風土が根づいた。

「感動セールス」も浸透した。「保険を売るんじゃない、感動を売るんだ！」と朝礼で叫び、勢いよく出かけていく部下たちの姿を見て、私自身も感動したものだ。

「商品を売るな！ 売り方を売れ！」は、営業スタイルを紹介重視へと進化させた。

「保険は魔法。俺たちは魔法使いなんだ！」は、ここまでくると洗脳の世界である。「10冠王」も私が言い続けていると、ついには部下たちがシンボルとなる「10冠王フラッグ」を作ってくれ、本当に全国のコンテストで10の主要項目すべて第1位に輝いた。

「ドリプレの神様」は、ドリームをプレゼントしてくれる神様がいる、という「お告げ」として広まった。夢や願望を明確に描けば現実になる、という定番の成功法則である。手紙を書いたり、細かい配慮のできる「マメ男君」という呼び名も流行った。

「リスクミニュケーション」は、あと一歩踏み込めない営業パーソンのために、嫌われることを恐れずリスクをとってコミュニケーションをとれ、という意味の造語だ。

口ばっかりで行動しない部下には「ニセポジティブ」や「なんちゃって信念」など、お互いを戒めるような流行語も生まれた。環境や人のせいにしている人を「せい病患者」、勘違いして行動している気になっている人を「つもり病患者」と呼ぶようになっていった。

流行語の〝仕掛け人〟は、すべてリーダーである私だ。

リーダーの方針を推進してくれる言霊が、チームオリジナルのキャッチコピーに進化していけば、やがて、心に響く「チームの流行語」となって次から次へと浸透していき、それらが〝チーム文化〟を醸成してくれるのである。

「士気」を下げるな 歌い踊れ

私が長らく実行し、**もの凄い効果を上げてきたトレーニングの一つに、「感謝の１００秒スピーチ」という朝礼コーナーがあった。**その朝に選ばれた数名のメンバーが、最近起こった嬉しいエピソードや朗報を50秒、今日起きてほしいいい出来事を50秒、計１００秒で「感謝のスピーチ」をする。今日はまだ起こっていないことでも「～ということがありました」と、〝過去完了形〟にして言いきるルールだ。

厳しいビジネスの世界では、困難やアクシデントが次々と襲ってくる。ストレスがいっぱいだ。毎日のようにいいことばかりを探し出し、スピーチすることは至難の業である。

だからこそ、**当たり前の日常の中にある幸福や、不幸な出来事の中にある教訓を、ポジティブな解釈ですくい上げ、感謝のスピーチに変える、**そのためのトレーニングだ。部下は**お互いに前向きな影響を与え合うこととなり、プラスの方向に好転していく効果もある。**

さらには、誰がスピーチすることになるのか、当日の朝までわからないため、**全員が毎**

朝「いいこと」を考え、心の準備をしておかなければならない。思考は日々健康になる。

初めの頃は、単なる挙手するルールだったものが、立ち上がって手を挙げる、大声を張り上げて手を振り回す、高くジャンプする、踊りながら飛び跳ねる、猿の物まねをしながら手を挙げる、というように徐々に私の要求もエスカレートしていった。朝からチームメンバー全員で「ウッキッキー」と大はしゃぎしている姿は想像を絶するだろう。

さらにヒートアップしていき、猿のものまねから、ゴリラ、象、ニワトリ、そしてアントニオ猪木、和田アキ子、志村けん、とブレイクスルーしていった。

まさかいい歳をした金融機関の人が……と思うかもしれないが、正真正銘の実話である。チームの業績が断トツだったこともあり、このスピーチが全社的に話題となり、本部のスタッフがビデオカメラ持参で取材にやってきたこともあったほどだ。

そうやって**声を出しながら体を動かすと、快楽物質がカラダ中を駆け巡り、不思議なエネルギーが沸いてくる**もの。勢いで波に乗ったメンバーは恐いもの知らずだ。

エキサイティングな朝礼効果によって勢いを増した私の営業部隊が、全社平均の３倍もの生産性を挙げる断トツトップのチャンピオンチームへと成長していき、ハワイコンベンション・ゴールドプライズを獲得するに至った事実は曲げようもないのである。

鬼100則 81

短所を見るな「ベスト100」を書き出せ

今すぐに「部下の好きなところベスト100」を作成してほしい。このリストは、リーダーと部下との関係を固い絆で結びつける〝魔法のようなパワー〟を持っている。

チームメンバーの中から一人ずつ、まずは最も信頼関係を深めたい部下からはじめてほしい。「ヒビが入りかけている関係を修復したい」と望んでいる部下からでもいい。

部下に対して**好ましく感じている点、長所や強み、嬉しかった言動などを一つひとつ思い浮かべながら「ベスト100」を作成する**のだ。そして完成したリストは、部下へメール送信したり、手紙にして渡してあげてほしい。

部下の誕生日に送信し、プレゼントの花束に思いを添える。失敗して落ち込んでいる部下へ送信し、元気づける。強化月間初日にメンバー全員へ送信し、激励の意味を込める。クリスマスカードや年賀状の届く日に送信し、さらなるハッピーを贈る。というような絶好のタイミングを狙って伝えれば、唐突感も和らぎ、演出効果も高まる。

「１００個も褒めるのは大変」「10個くらいなら思いつくけど」と、尻込みしてしまうかもしれないが、だからといって、ベスト10程度では中途半端だ。効果は薄い。**「ベスト１００」だからこそインパクトもあるし、サプライズ効果もある**のだ。

褒める行為もここまできたら、**期待値をはるかに超えている。予測もつかないリーダーからの「承認の嵐」である。**部下からは、「凄い！」という反応からはじまり、「感激、感動、感謝です」と、数字通り「１００倍」は喜んでもらえる。

しかし、このやりとり自体は、さほど重要ではない。何といってもベスト１００だ。いいところだけを常に集中して観察しなければならないから、もう悪いところは見えなくなってしまう。人間の長所と短所は紙一重。**１００個も褒める最大の効果というのは、「部下の欠点も愛せるようになる」**ということなのである。

あなたはまだ、部下の本当にいいところに気づいていないはず。ベスト１００にチャレンジしてはじめて気づく部下の「長所」に驚き、見方が変わるかもしれない。

それまでは部下の欠点を指摘するマネジメントが当たり前だと思っていたリーダーであっても、これからは部下の長所だけを観察するマネジメントへと変化していくだろう。

そうして、リーダーの指導力も「１００倍」進化していくのである。

気を抜くな 気を「配れ」

部下のハートをわしづかみにして離したくないなら、「マメさ」を極めるに限る。

私の本名は「早川勝（まさる）」であるが、通称「早川マメる」とも呼ばれてきた。そう、それくらいマメである、ということだ。その「マメさ」が、私のリーダー人生において、どれだけアドバンテージを得たのか計り知れない。

マメさを極めるポイントは3つある、というのが私の持論だ。

一に「忠誠心」、二に「リアクション」、三に「読心術」である。

一の「忠誠心」とは本来なら、部下が組織やリーダーに対して尽くすものだろうが、ここは逆にリーダーのほうから部下への〝忠誠〟を尽くしてほしい。

とはいっても、へつらってヨイショしろと言うつもりはない。リーダーとしての威厳は保ちつつ、精一杯「そりゃもう、どんな要望や悩みごとでも聞いてあげるよ」的な姿勢を示すのだ。

実際のところ、どんなわがままでも聞いていたら大変なことになってしまう。しかし、そこは頼りにされるリーダーである。**できる限りの要望に応えるパフォーマンスを貫き、部下の信頼を勝ちとりたい**ものだ。

二の「リアクション」というのは、反応の早さからはじまる一連の行動だ。最も嫌われるのが「口先だけのリーダー」である。だからその正反対を〝行動〟で示すのだ。とにかく、**即効で解決策を提示し、部下の失敗は素早くリカバリーすること。そして、どんな不服や異議であっても、真摯に、かつ迅速に応えていく**のだ。

三の「読心術」というのは、常に部下が何を考え、何を望んでいるのか、常に心の中を読みとる習慣をつけることである。

かゆいところに手が届く、「先回り、先回り……」というホスピタリティこそが、マメ・リーダーの真骨頂だろう。

この３つのポイントを意識し、**部下の「期待値」をいかにして上回るのか**。それに尽きる。上回って上回って上回ったその分に比例して、リーダーへの信頼指数は伸びていく。

「そこまでしてもらったら、もうリーダーの期待にも応えるしかないでしょ」と思わせるまで、マメ・リーダーを極め尽くすことである。

しらけたムードをつくるな「笑わせる」エンターテイナーたれ

私のことを「鬼」のように恐い男だと思っている人もいるかもしれないが、私のマネジメントスタイルをひと言で表現するなら、「エンターテインメント性」だ。それはもう徹底的にチームメンバーを楽しませてきた。

そう、笑わせてきたのだ。**部下を楽しい気分にさせるサービス精神のもと、常にその場を盛り上げるエンターテイナーを演じてきた**のである。

したがって、メンバーからの評価は、「おもしろい人」「話術が巧みな人」「パワフルな人」である。ただ、幼少期の評価は、「控え目な子」「真面目な子」「無口な子」であった。

ユーモアのセンスや卓越したトークスキルというのは、決して天賦の才ではない。私は**笑わせる努力を積み重ねて〝すべらない話術〟を磨き、自己改革を続けてきた**のだ。

笑わせることの重要性については、私がメンバーを笑わせれば笑わせるほど、チームは大きく成長・発展を遂げたという歴史がそれを証明している。部下を楽しませてきたおかげで、私のチームは、あらゆるアワードに次々と入賞し、私自身も、もの凄いスピードで昇給・昇格を果たすことができた。まさに、大笑いのリーダー人生であった。

〝お笑い芸〟を極めた結果、チーム内には私のファンが増えていき、より強力な応援団が結成されていったようだ。やはりリーダーというのは、人気商売。どれだけの部下が協力者となって支援してくれるのか、それがチーム繁栄の鍵を握っている。

もちろんサービス精神とは笑わせることだけに限らない。しかし、**「楽しんでほしい」という〝おもてなしの精神〟なくして、部下があなたのために動き出すことはない**。だからあなたも、常に「部下をどれだけ楽しませるか」ということに気を配っておくことである。

もしあなたに笑わせる技術がなく、そんなキャラじゃないと抵抗を感じるのなら、**まずはあなたから部下へ笑いかけてみればいい。きっと、つられて目の前の部下も笑顔になるに違いない。笑いは伝染する**のである。

部下と接するときには、「自分は今、笑っているだろうか」と常に意識してみることだ。無理にでも笑顔をつくっていけば、チーム内には段々畑の花々のような「笑顔の花」が咲き乱れていくのではないだろうか。

ケチるな 稼ぎは部下へ「還元」せよ

ケチ臭いエゴイスト・リーダーは成功できない。部下からは、「せこい奴」という軽蔑の目で見下されてしまう。そう、金の亡者は部下に嫌われるのだ。生きたお金の使い方を誤ると、チームメンバーは誰もついてこない、という孤立無援な日々が待っている。

リーダーともなれば部下よりも高収入であるのが通常だ。収入がアップして小金持ちになったそのときこそ、リーダーとしての資質が問われるのである。

もちろん、節制や節約が悪いとは思わない。**倹約家というのは、むしろお金の価値を正しく理解している人格者**である。だから私は決して倹約を否定しているわけではない。

しかし、生きたお金をメンバーに還元せず、ケチケチと私利私欲に走りはじめるとチームは腐っていく。そしてその人生も腐っていくのである。

お金も人も、上手に使ってくれる人のところへさらに集まってくる法則がある。だから、**惜しまずに部下へ還元していくこと。ケチケチせずチームへ投資すること**をお勧めしたい。

たとえば、有名な外部講師を呼んでセミナーを開く、これぞという良書を大量購入して部下へ配布する、部下の家族のお祝い事には贈り物を欠かさない、などの「心付け」だ。

一方、見栄っ張りな気前のよさによる無駄遣いは、ケチよりたちが悪い。自己中心的な浪費ばかりしていると破滅を招くことになる。

かつて外資系生保時代のリーダー仲間の中には、高級外車に乗り高価なブランドの腕時計を着けて「豪遊」していた輩もいたが、その多くは栄枯盛衰、いつの間にか消えていった。ちなみに、私は格安なファミリーカーをリース契約し、スマホが時計替わりである。

贅沢な暮らしが悪いとも思わない。マネーモチベーションも大いにけっこうだ。リーダーの「成功した姿」を見せ、それを間近で見ている部下が憧れ「あんなカッコいいリーダーになりたい」と目標としてくれるならば、それもいいだろう。

しかしそれが、**自己満足に浸るだけの醜悪な浪費であるなら、部下のモチベーションは上がらない。大概は「妬み」となって、部下の心は離れていく。**

浪費と投資の違い、ケチと倹約の違い、それは、明るい未来が待っているか待っていないか、である。もし判断に迷ったら、リーダーの〝金銭感覚〟に対し、チームメンバーがどのような評価を下しているのか、よくよく「省察」してほしいものである。

「疲れた姿」を見せるなアグレッシブに走り続けろ

のろのろと停滞しているチームの現状を手っ取り早く打開するためには、アクティブ体質へと改善するリーダーの行動力が必要だ。動かずに自席でパソコンとにらめっこする日々を過ごし、「じっと耐え忍んでいる」だけでは、ストレスは溜まり放題、心身ともに健康が蝕まれていく一方だろう。

今すぐに〝隠れ肥満リーダー〟のメタボ体質を改善しなければ「生死にかかわる」という危機感を持ってほしい。フットワークの鈍い「万年ダイエッター」からの脱却こそが、V字回復リーダーに課せられた最大のテーマになる。

現状のチームが沈滞化しているのは、リーダーであるあなたが〝疲れ〟を見せているからではないだろうか。部下には、決して疲れた姿を見せてはいけない。

とはいえ、問題を抱えれば抱えるほど、ますます〝動けなくなる〟に違いない。まずは無理をせずに、誰にでもすぐにできる適度な「アクション」からはじめられたら、それで充分だ。日常生活の中での小さな行動を習慣化させたい。

たとえば、私が若き頃から現在に至るまで心掛けてきた運動とは、「全力で早歩きする」「一気に階段を駆け上がる」という、いつでもどこでも簡単にできるアクションだ。

スポーツで汗を流す時間を確保できない超多忙な私にとっては、出勤途中や外出先への移動中でも取り組める「早歩き」と「階段登り」は、効率がいい運動だ。駅のホームやオフィスビルでの昇り降りは、エスカレーターやエレベーターを使わず、階段を駆け上がることを習慣にし、出退勤時には、ひたすら競歩のように大勢を追い抜いてきた。

どうやら、**「全力で早く歩く」「一気に駆け上がる」という行動は、快楽物質を活性化させるため、モチベーションが上がって、レスポンスが早くなり、チームの業績が〝早く上昇する〟ことにつながる**ようである。

まずはリーダーがその手本を見せ、メンバーにも好影響を与えられたとすれば、チーム全体も「さらなる高み」を目指し、成功の階段を一気に駆け上がっていく〝アクションスター〟が次々と現れるはずである。

毎日毎日、アグレッシブに駆け上がれば駆け上がるほど、チームの業績もぐんぐん上昇していく。メンバーが迅速に動き出すかどうか、それはあなたの行動力次第だ。

老け込むな「見た目」も磨け

心と体の健康状態は、見た目に表れる。リーダーたるもの、外見の洗練された身だしなみはもとより、心のダンディズム、心のエレガントさを保ちたいものである。

暴飲暴食を繰り返しているリーダーの人生は波乱万丈だ。たとえ、一時《いっとき》は成功したとしても、チームの業績は上がったり下がったりを繰り返し、やがて落ちぶれていく。

連日連夜、快楽を追求し享楽に溺れる生活を送っているようでは、そもそもリーダー失格。ヘビースモーカーに至っては、論外である。それらを「ストレス発散も仕事のうち」と正当化し、自らに言い訳をしている場合ではない。

肌は荒れ、顔がむくみ、無精ひげに髪はぼさぼさと、疲れきったその風貌は、実年齢より老け込んでいるのではないだろうか。不摂生が続けば、体を壊して病気にもなるだろうし、散財が続けば、生活設計もままならない。

この自堕落な生活習慣は、弱さが生み出すある種の麻薬中毒である。**深層心理に潜んで**

いるのは、「自分を大切にしていない」という〝無責任さ〟であることを知るべきだ。

そこまで生活が乱れていない品行方正なあなたであっても、念のため、栄養のバランスが摂れた食生活をキープできているかどうか、一日、見直してほしい。メタボの原因は、運動不足もあるだろうが、ほとんどは「食べすぎ」が原因だ。もしかすると、コンビニやチェーン店のジャンクフードばかりの偏った食生活になってはいないだろうか。

栄養のバランスとは、心のバランスとイコールであると言えるだろう。

私の場合、朝ご飯は超ヘルシーな献立にこだわり、昼食もカロリー控えめの手作り弁当を持参。さらに晩ご飯は、糖質を制限したダイエットメニューだ。休肝日も設けている。

おかげで、50代となった今でも、毎年の人間ドックでは「オールＡ」判定。実際の年齢よりもかなり若く見られることも、しばしばである。

理想をあきらめたときから、人は老いていくのだろう。だから、**決して「自分」をあきらめないでほしい。それは〝部下のため〟でもある。憧れの的となる眩しいリーダーとして、若々しいエネルギーを放ち、部下に元気と活力を与えなければならない。**

「こういう自分の姿でありたい」という理想を捨てないこと。そう、見た目も、心も、である。

夜の誘惑に負けるな「早寝早起き」で稼ぎまくれ

最も長生きする睡眠時間は7時間、という説がある。だからというわけではないが、私も質のよい熟睡タイムを、少なくとも7時間はとるように心がけてきた。

リーダーとして、早寝早起きは鬼習慣の基本中の基本、まさに黄金規律である。睡眠不足のボケボケした思考回路で、質の高い意思決定などできるわけがないだろう。

なんといっても、朝は業務がサクサクとはかどるし、効果的な経営戦略や斬新なアイデアも湧きやすい。**早朝は、脳が冴えに冴えまくるゴールデンタイムとなる**ことは、今さらここで私が力説するまでもなく、すでにあなたも実感しているに違いない。

私がフルコミッションのセールスマネジャーとして二十数年間、毎年数千万円以上の報酬を得ることができた要因はここにある。深夜の「寝てしまったらもったいない」や、早朝の「寝ておかなければもったいない」という**刹那的な執着を手放し、規則正しい早寝早起き習慣に改善できたおかげだ。「早起きは三文の徳」ならぬ「早起きは3億円の得」な**

のである。うかうか寝坊できるはずもない。

我が家には３人の娘がいるが、鳴り響く目覚まし時計の騒音も、彼女らにとっては子守歌に聞こえるらしく、寝起きがすこぶる悪かった。そこで私は、その悪習慣を打開しようと、娘一人ひとりの部屋へ「さあ、今日も一日、いいことがあるよー」と高笑いしながら入っていき、カーテンを豪快に開け放ったものだ。

するとてきめん、彼女らの学校の成績はぐんぐんアップしていった。

そんな家族と同様に職場の仲間も早起き習慣へと巻き込んだ。

かつて私が外資系生保の品川支社長を務めていたとき、月曜日のマネジャー会議を「早朝６時半」から開催していたことがある。私がコンビニで購入してきた朝食を皆で摂りながら、徹底的に意見を出し合ってもらった。

すると、その会議で発案された革新的な戦術のおかげで、どん底だった支社がハワイで表彰されるほどに急成長を遂げたのだから、まさに**早寝早起きの〝効能〟とは凄まじい。**

早起きを習慣化させるためには、やはり、シンプルに「早寝」を徹底するしか方法はない。これからはもう、どれだけつき合いの悪い奴だと罵られようとも、本当に意味のある会合でない限り、**夜が遅くなるお誘いは、断ること**である。

「アルコール」に頼るなシラフで指揮をとれ

毎晩のように部下を夜の街へと連れ出しては、親分気取りで飲み歩いている千鳥足リーダーがいる。いわゆる「飲みニケーション」の大好きなリーダーだ。

実は恥ずかしながら、まだ若く未熟なリーダーだった私も、それがチーム経営に効果的だと信じていた時代があった。しかし、**「飲みニケーション」の頻度と業績向上はまったく比例しない**、という原則を苦い経験から学んだ。今思えば、あれは私自身の〝気休め〟にすぎなかったのだ。

悪いことは言わない。チームの生産性を本気で上げたいのなら、飲み会は控えたほうが賢明だ。部下が二日酔いになるほど飲ませて「いい仕事をしろ」とは、矛盾している。

ときにはストレス発散、チームの懇親を図ることも大切だろう。楽しいイベントを否定するほど私も野暮じゃない。しかし、**「飲みニケーションは効果的な戦略である」と信じ込んでいるのなら、それは愚かなリーダーであると言わざるを得ない。**

たしかに、飲み会の場は盛り上がる。アルコールの力は凄まじい。普段はおとなしいメンバーでさえ、人が変わったように目標必達を宣言するし、涙を流しながら「リーダーのために命を捧げます」と、絶叫する部下も現れる。ボトルを抱えた万年係長が、ひと晩で〝宴会部長〟に二階級特進してしまうケースもある。カラオケに行けば、ネクタイを頭に巻き、全員で「明日があるさ」や「幸せになろうよ」を大合唱することもある。

士気がなかなか上がらず悩んでいるリーダーにとっては、〝夢のような世界〟だ。

しかし残念ながら、**酔いが覚めれば、現実の世界に引き戻されてしまう。**そこには「明日」もなければ「幸せ」もない。**その場限りのモチベーションにだまされてはいけない。**残念ながら、どれだけ2次会3次会へと連れ出したとしても、あとに残るのは「請求書」と「アルコール臭」だけである。

もし、オフィスから外に出て部下とのコミュニケーションを図りたいなら、スタバでの**「カフェニケーション」で十分**だろう。二人で飲んでも千円でお釣りがきて、尚且つ、時間も短縮できる。なんといっても健康的だ。

「飲みニケーション」に頼らない〝ノンアル・リーダー〟だけが、正気で働く本物のチームを創ることができる。どうか、シラフで指揮をとってほしい。

「免疫力」を落とすな目標という予防ワクチンを接種せよ

リーダーだって人間だ。いつも健康体ではいられない。風邪を引いて高熱を出し寝込んでしまうことも、大ケガをして入院し塞ぎ込むこともあるだろう。

とはいえ、そうして倒れるたびに、貴重な時間と気力を失い、チームの業績も病んでいく。そう、メンバーも共倒れとなってしまうのだ。

そんなとき、それは避けて通れない不運であるとあきらめて休養し、「次は気をつけよう」と、ありきたりの予防を繰り返し心がけるだけでいいのだろうか。また、部下への指導も同様に「風邪やケガは仕方がないこと」と大目に見ているだけでいいのだろうか。

たしかに「まったく病気やケガをしたことがない」という不死身の鉄人には、私もお目にかかったことはない。スーパーマンのようにはいかないのが現実だ。おそらく、メンバー一人ひとりも、病気やケガを被るのは「たまたま」であると感じているのかもしれない。

しかしそれは違う。彼らが風邪で休むのは偶然ではない。無事故の部下がずっと無事故なのにも、れっきとした理由がある。

病気は、部下の不摂生の積み重ねによって免疫力が低下し発症したのだ。ケガは、部下の集中力が散漫になった不注意によって起きたのである。だとするならば、どうにもならないと思っていた健康でさえも、メンタル次第でコントロールできることになる。

では、強靭な〝鬼メンタル〟を手に入れるためには、いったいどうしたらいいのか。

そのためには、常に「明確な目標」を心のスクリーンに描いておくことだ。

目標に向かっているときの免疫力は、体調不良など寄せつけない。目標に向かっているときの集中力は、うっかり事故など寄せつけない。

部下には、手の届く小さな目標を次から次へと設定させ、徹底的に擦り込んでいく。そして、常に目標をアウトプットさせ、プロセスのフィードバックを繰り返す。さらには、目標を周囲の仲間と共有させ、それを掲示して可視化するのだ。

このように、**ウイルスや注意散漫を振り払う「目標の予防ワクチン」を接種し続けてほしい。**「ターゲットに向かってまっしぐら」という心身ともに充実している部下にとっては、病気やケガなど、まったく縁がないものだ。

もちろん、リーダー自身の「目標達成意欲」と「免疫力」の相関関係も同様である。

群れと慣れ合うな「孤独」を楽しめ

無理難題を押しつけてくる理不尽大魔王の上役と、笛吹けど踊らないチームメンバーとの狭間で、地獄のような日々を過ごしているとき、**「自分は地球上でひとりぼっち、誰も味方がいない」と思えるくらい、孤独な気持ちに苛まれる**ことがある。まさに、永久不変な中間管理職の悲哀である。

だからと言って、リーダーが「ひとりぼっち」に耐えられず、部下に迎合しはじめたら危険だ。そうなればもうチームの統率は効かない。リーダーシップの欠如したチームに待っているのは、「リーダー不在」、すなわち、大黒柱を失ったチームの崩壊である。

人間として生まれてきたからには、やはり孤独は辛い。しかし、リーダーの仕事は、誰が何と言おうと、**孤独になることを恐れず、〝孤高の鬼〟となってチームを統率すること**なのである。

それには、リーダーとしての〝覚悟〟が問われる。**リーダーとは、「孤独」と運命を共**

にすることを代償にして、高い給料をもらっているようなものだ。

いずれリーダーとしての存在意義を失い、「孤立」してしまうくらいなら、はじめから「孤独」を楽しめばいいではないか。

「孤独会議」なども楽しみたい。邪魔の入らない早朝の隠れ家的なカフェで、誰の意見にも惑わされず、独創的な戦略を捻り出すのだ。

「孤読書」も自分と向き合える最高の時間だ。せめて週に1冊は良書と向き合いたい。

私の場合は、本が師匠でありメンターだった。〝行く道〟はすべて本が示してくれた。

「孤独ウォーキング」も、やる気が上がる。歩けば歩くほどドーパミンが〝ハイ〟な思考をつくり出し、革新的なアイデアが閃いたりするものだ。

「孤独シネマ」も意味が深い。心を揺さぶる感動的な映画は、ひとりぼっちで観るに限る。ときには大粒の涙を流し、心の澱《おり》を洗い流す時間も必要だ。

「孤独献血」もオススメだ。半期か四半期の節目節目には、静かな献血センターで、自分で自分を褒めてあげながら〝血を入れ換え〟、瞑想するのである。

心から「孤独の意味」を理解できたとき、部下への〝愛情〟が生まれる。あなたもどうか孤独を恐れず、自分自身との対話を楽しんでほしいものだ。

鬼100則 91

パソコンと睨み合うな「ディナーショー経営」に徹しろ

私たちの業界には、古くから「ディナーショー経営」という言葉がある。

まずは、本物のディナーショーを想像してほしい。

コンサート会場と違い、ホテルのバンケット・ホールは観客との距離が近い。アーティストはマイクを握って熱唱しながら、テーブル席を回っていく。ときには握手をしたり、観客にマイクを差し出しデュエットをすることもあるかもしれない。

そうして観る者の心を熱く震わせて魅了する圧巻のパフォーマンスは、その空間をエモーショナルに染め上げていくのだ。

おそらく大半のリーダーは自席にふんぞり返っていて、「報・連・相」は部下がリーダーの席（部屋）へやってくる、というのがお決まりのパターンだろう。

しかし、そんなふうに、部下と必要最低限の打ち合わせをしているだけでは、コミュニケーションは不足していく。定例の会議やミーティング以外でのコミュニケーションをとらないようでは、やはり、親密度も帰属意識も、そしてやる気も高めることはできない。

誰にも聞かれたくない密談は別として、打ち合わせは「呼び出す」のではなく、自らが積極的に部下の席へと近づき、椅子を横に置いて向き合い、熱心に話しかけてほしい。

ときには何も用事がなくとも、**部下の席の周りをぐるぐるぐるぐると回り続け、コミュニケーションをとる機会を窺う**のだ。さりげなく部下へ声をかけてみるだけで、気にかけてもらった部下は嬉しかったり、感動したりすることもある。気の利いたジョークで和ませてあげるのもいい。おやじギャグが滑ったら滑ったで、それもまたご愛敬だ。

そう、これこそが**リーダーが実践すべき「ディナーショー」**なのである。

このパフォーマンス・パトロールを続けていくと、オフィスの日常の中に違う景色が垣間見えてきたり、さらなる「問題」を拾い上げることができたりするものだ。

もはや自席でパソコンと睨みあっている場合ではない。リーダーと部下との**軋轢を生む最大の要因は、コミュニケーション不足。もっと言えば、スキンシップ不足**なのだ。まだまだ、**語り合いが足りない。ふれ合いが足りない。「部下への愛」が足りない**のである。

明日からのあなたは、語って語って語りまくる、歌って歌って歌いまくる「ディナーショー経営」を実践してほしい。レッツ！シンガーソング・コミュニケーション！

ニセパフォーマーを励ますな「頑張れ」を封印せよ

日本人リーダーは「頑張れ」というエールが大好きだ。また、部下からの「頑張ります」という健気な決意表明も、全国津々浦々で頻繁に交わされている〝ご挨拶〟である。

ニセパフォーマーにとっては、そうした頑張っているかの如き見せかけの姿勢が、ときとして**成果以上に評価されることもあるのだから、「頑張ります」とは、便利な言葉である。**

しかし、ただ単に頑張っているつもりになり、**結果にこだわらない仕事をしていると、いつまで経っても力がつかないから、成長もない。**成果へ向かう工夫もなければ、戦略・戦術もなく、そこにはただ、「自己陶酔型の頑張り屋」がいるだけだ。頑張っている〝つもり〟だけでうまくいくほど、世の中は甘くないのである。

私が率いてきた生命保険のプロセールス部隊においては、「頑張ります」を禁句にする方針を推進していた。〝頑張らなくなった〟途端に、組織はV字回復に向かっていったのだから、皮肉なものである。

とどのつまりは、部下を頑張らせなくていいから、シンプルに目の前の「成果」と直面させることである。**問題解決や目標達成に向かい、計画的かつ効果的に行動しているかどうかが大切なのであって、そもそも「頑張ること」自体には大した意味はない。**頑張ること自体にのぼせあがるくらいなら、最初から頑張らないほうがよっぽどましである。

「できるか、できないか」を問われた部下は、「できます」と答えずに、「頑張ります」と答えるケースが実に多い。その意味をかみ砕くと、「できる自信はないから、できますとは言いきれないけど、できるだけ努力はしてみます」というニュアンスが含まれている。

いやはや、とんだ茶番劇、とんだセレモニーである。しかし、**それはやがて「頑張ったんだから、それでいいじゃないか」という甘え根性をも増殖させかねない。**

チーム内では、結果にフォーカスした言葉だけを口にさせるべきである。**「いついつまでに○○をやります」という〝何に向かって何をやるのか〟を常に明確にした行動目標を宣言させる**のがいいだろう。

あなたのチーム内でも**「頑張る」をデッド・ワードとすることだ**。部下に対して「頑張れ」という励ましもやめにしたい。徹底して「頑張る」を封印し、あなたのチームから偽者の頑張り屋を〝追放〟すれば、本物の頑張り屋が粛々と動き出すに違いない。

冷めた空気に慣れるな「感動の涙」を流せ

感動して流す涙には、「心を浄化」し、鬱積した心のモヤモヤをスッキリと晴らしてくれる効能があるらしい。冷めきっている部下たちのドライな感情を熱く潤し、沈滞しているチームの空気を一瞬で変えてくれる。

私は、「涙と感動」の大洪水がチームの士気を上げ、ビックウェーブに乗せてくれた経験を何度もしてきた。部下のやる気が噴水のようにあふれ出てくるのだから、もう勢いは止められない。散々泣いたあとの業績向上に対し、今度は「笑い」も止まらない。

チーム内にその空気を創るには、**まずリーダー自身が率先して涙を流すことだ。部下たちの前で照れることなく号泣してほしい。**朝礼のスピーチ中でもいい。会議での所信表明でもいい。一対一のミーティング中でもいい。とにかく、「ここぞ！」という場面で、思いきり感情移入し、熱い心の中を表現してほしい。

はずかしくなんかない。はずかしいと思う〝その心〟のほうが、はずかしい。

かつて私の支社では、「感動で泣ける話」をいろいろと探してきては、あるときはビデオ映像で、あるときは一斉配信メールで、あるときは熱いスピーチでと、あの手この手で演出し続けてきた。

そして年末の「納会」では、一年間の頑張りを振り返るのが恒例であったが、毎年のように「涙、涙のスピーチ」になっていったものだ。「抱き合って号泣し合うリーダーと部下」の姿は、仲間たちをも感動に巻き込む最高のシーンとなった。

部下が表彰されるコンベンションの檀上においても、部下を思う熱いリーダーは、真っ先に自分が泣き崩れる。その本気のリーダーの涙の前では、どん引きする部下はいない。

ただし、めそめそと「悔し涙」を流しているリーダーでは頼りない。そんなときこそ余裕の笑顔だ。

どうせ涙を流すなら、**仲間の必死な努力に心を打たれ流す涙、感謝の気持ちに堪えきれず流す涙、共に苦労した末に目標を達成し流す涙**、というように、部下のために涙を流すリーダーであってほしい。

やがて、**目に見えない感動の絆で結ばれ、涙の数だけ業績も上がっていく**ことだろう。

誰かの曲の歌詞ではないが、あなたのチームも「涙の数だけ強くなれる」のである。

博学をひけらかすな「哲学」を持て

世のリーダーたちはよく学んでいる。さまざまな資格も取得し、知識も豊富だ。本当に勉強熱心であり、博学である。しかし、**「哲学」を語るリーダーはあまりいない。**

やはり、目先の現実的な業務ばかりに追われ、理詰めの指導ばかりしていると、心の通わない殺伐としたマネジメントになりがちだ。

人はなぜ生まれてきたのか。何のために生きているのか。生きる「意味」とは何か。部下と一緒に哲学を探求していくと「働く意味」も見えてくるものだ。世界観が変われば、働き方も変化していく。

私の場合、なるべく小難しくならないように気を配り、**映画鑑賞を通して、自分なりの「哲学的な解釈」を部下へ伝える**ことがある。人間ドラマもいいが、ＳＦ映画のほうが非現実的なだけに、面白くおかしく哲学を語れる。

三次元の地球に生きる我々人間にとって、想像を絶する宇宙が存在するであろうことは、誰にも否定できないだろう。宇宙の果てはどうなっているのか、真理は解明されていない。

たとえば「インターステラー」。私はこのＳＦ映画を観て、人の〝心〟の中に宇宙が存在し、地球上の私たちは宇宙の果てと「つながっている」のだと、腑に落ちた。

あなたは今、この筆者は頭がおかしくなったのではないかと、怪しんでいるかもしれない。しかし、**こんな荒唐無稽な話も、現実社会の厳しさに疲弊している部下にとっては「救い」にもなる。**ときには彼らを摩訶不思議な宇宙旅行へ連れていってあげるのもいい。

映画の中での宇宙の果てには、時間や距離の概念など存在しない。未来も過去もない。そこには「神の存在」のような〝五次元生命体〟が存在するらしい。実は、宇宙からあなたを見守っている〝五次元生命体〟というのは、他ならぬ「自分自身の魂」だというのだ。

あなたは、運不運に振り回されているとき、「見えないもの」に守られている、動かされている、という感覚を持ったことがあるはずだ。**あなたの運命はあなたの「良心」によって操られている、人生すべて思い通り、**というわけである。

クリストファー・ノーラン監督は、その「真理」に気づいている〝宇宙人〟に違いない。

ややこしくて意味不明だと混乱している今のあなた。ぜひ、映画を通して「哲学の宇宙旅行」を体験してみてはどうだろうか。

批判を「陰で口外」するな 堂々と本人へ通告せよ

信頼の厚いリーダーには、ある共通点がある。

結論から言おう。それは、**「部下の批判や悪口を口外しない」**ということだ。

あなたが部下の立場になればわかるはずだ。リーダーから部下へ直接伝えるのであれば、まだスッキリと納得できるが、批判が第三者を通して、当の本人へ伝わるとなると別だ。

部下は自分の欠点を自覚しているし、事の善悪も理解している。ミスをすれば反省するだけの慎み深さもある。それなのに、**プライドを傷つけられるような批判をリーダーに陰で口外されたら、やはり「やってられない」という心境になる。**

リーダーであるあなたも、第三者である同僚や別の部下に対し、その場にいない部下の批判を、「あそこが悪い、ここが気に入らない」と愚痴のように洩らし、ストレス発散していないだろうか。

「ここだけの話だぞ」などと口止めしたところで、必ずチーム内に広がる。そして必ず本人の耳に入る。陰口というのは、「ここだけの話」「ここだけの話」と広がっていき、ついには「みんな知っている」という最悪の事態になるものだ。

第三者から聞かされる自分の悪口ほど、傷つくものはない。何十倍も嫌な思いをする。その不信感が積もり積もれば、リーダーへの「遺恨」にも発展しかねない。

さらに、リーダーの口から洩れた部下への批判は、尾ひれ羽ひれがついて、とんでもない「誹謗中傷」になっていることも少なくない。しかもそれが、部下の人間性を侮辱するような内容になっていると、ますます部下との関係はこじれてくる。ミスした事象だけを話すならまだしも、人間性を揶揄することはルール違反である。

朝の会議に遅刻したことは悪いが「怠け者の遊び人」は事実ではないだろう。お客さまからの苦情はあったが「嘘つきでいい加減な奴」は事実ではないだろう。納期に遅れを出したが「ぐずでのろまなカメ」は事実ではないだろう。軽口もほどほどに、油断は禁物だ。

改善指導と誹謗中傷を混同してはならない。批判しなければいけない場面はもちろんある。反省を促し、早急に改善の方向性を示してあげることはリーダーの大切な職務だ。

くれぐれも、「そのうちに……」という後手後手の曖昧な指導ではなく、**「すぐ」「その場で」「直接本人に」「リーダーの口から」「わかりやすく」伝えること**である。

心の不具合を放置するな「感謝のパスワード」で修復せよ

あなたのチームはいつから歯車が噛み合わなくなってしまったのか。これまで努力に努力を積み重ねてきたにもかかわらず、なぜ、バグ（障害）が発生してしまったのか。これまであなたのチームは幾度もバージョンアップを重ね、「進化」してきたはず。そろそろ不具合も発生しようというものである。

ではいったい、リーダーであるあなたは、チーム経営のプログラミング上において、どんな「ミス」を犯してしまったのだろうか。

ここでぜひ、あなたに問いたい。今、あなたは部下に「感謝」して働いているだろうか。もしかすると、思い通りにならない部下に対し、憤ってばかりいるのではないだろうか。時間の経過と共に「感謝」の気持ちが劣化し、それが「当たり前」になってしまう傾向は否めない。**不具合が発生しているチームというのは、「感謝」の気持ちを忘れているものだ。**

まずは先頭を走るリーダーが、この当たり前の〝境遇〟に心から感謝しなければならない。とにかく、感謝・感謝・感謝の乱れ打ちだ。もうそろそろ、あなたの部下の「存在そのもの」に感謝する生き方に進化しようではないか。

もっと言えば、**不出来な部下にさえも、その存在に感謝できるレベルにまでアップデートしてほしい。**彼らとの関係にも「何か意味がある」と解釈し、そのすべてに感謝しながら、さらなる困難を乗り越えていく。そのマインドが成功を引き寄せるのである。

実は、あなたを混乱に陥れているバグを解決できる「対策ソフト」を、すでにあなたは内蔵している。それは、〝**心のコンピューター**〟に、**次の5文字のパスワードを入力するだけで、すぐに作動しはじめる。そのパスワードとは、「あ・り・が・と・う」の言葉**だ。

潜在意識に刷り込まれるまで、「ありがとう」の言葉を毎日毎日、これでもかと口にしてほしい。ルーティンにして**四六時中、「ありがとう」の呪文を唱えながら歩くこと。もちろん、思い浮かべる相手はチームメンバー**だ。日々「ありがとう、ありがとう、ありがとう」と、ステップに合わせてリズムを刻みながら出勤し、帰宅の途に就くのである。

だまされたと思って、最低でも1日に100回は唱えることをお勧めしたい。不思議なほどに、チーム経営が「サクサクと」上手く回りはじめることを約束する。

部下の家族と距離を置くな「かけがえのない存在」を巻き込め

外資系生保の名古屋支社長として100名以上の精鋭部隊を率いていた頃、**チームメンバー全員のご家族（奥さま、お子さま、ご両親）宛てに、手紙を出したこと**がある。

部下の活躍を報告する手紙だ。内容はメンバーそれぞれの個性や特長を生かした仕事振りや、いかに会社に貢献してくれているか、感謝の気持ちを書き連ねた。それはもう寝不足続きの大変な作業となったが、まったく苦にはならなかった。

そして、心ばかりのプレゼントとして、**手紙と一緒に「幸せの黄色いハンカチ」を同封させてもらった。**実はその頃、名古屋中のデパートで黄色いハンカチをほぼ買い占めてしまったために、後日、デパートの売り場に「黄色いハンカチ・コーナー」ができていた、という嘘のようなエピソードまである。

すると、多くのご家族から、お礼の返事が届いたのだが、そこにはある傾向があった。成績優秀な部下のご家族ほど返信率が高く、手紙の中身が濃かったのだ。ご家族からの返信を読むと、部下たちがいかに家族を大切にしているか、その日常が読みとれた。やはり、**夫婦関係、親子関係が良好であればあるほど、部下はいい仕事をするもの**なのだ。

誰にとっても、家族とはかけがえのない存在だ。そして、家族はいつも最大の理解者であり、最高の応援団でもある。

何のために、誰のために、奮闘努力するのかと言えば、「家族のため」であろう。**エネルギーの源が家族だとするなら、リーダーであるあなたもその家族のことを〝知る〟必要がある**のではないだろうか。

私は家族参加型のイベントを開催するのが好きだ。表彰式へのご招待はもちろん、食事会、慰安旅行、ディズニーランド、バーベキュー大会に、スポーツ大会と、**部下の家族と多くの接点を持ち、巻き込めば巻き込むほど、士気は高まった。**

ときとして、「家庭訪問」まで実施したほどである。子どもじゃないのだからという反論が聞こえてきそうだが、家族と会うと〝問題の本質〟が見えてくる。と同時に、**何よりも、部下とその家族に対して、リーダーである私自身の「責任感」がより高まる。**

家族に心配をかけることなく、何としても、部下を育成したい、昇進する手助けをしたい、成功へと導いてあげたい、という大きなパワーをもらえるのである。

寛《くつろ》ぎすぎて気を抜くな家庭内でも「真のリーダー」たれ

あまりにも一途に部下を思ってマネジメントへと邁進するあまり、家族を顧みずに、それが原因で家庭生活が崩壊し、チーム経営にもマイナスの影響を与えるケースがある。

たしかに、仕事と家庭の両立というのは、リーダーのみならず、すべてのビジネスパーソンにとって永遠のテーマであると言っていいだろう。

だからといって、仕事のために愛する家族が不幸になるのは、本末転倒な話だ。

家族への愛を行動に移せない人間が、チームメンバーへ人間愛を持って接することなどできるわけがないだろう。仕事を言い訳に家庭を犠牲にするなど、リーダーとしても一人の人間としても、決して犯してはならない反則行為なのだ。

真の愛情や深い思いやりは、心の中で思っているだけでは伝わらないもの。**部下と接しているとき以上の笑顔とマメなサービス精神を持って、家族と超濃密なコミュニケーションをとり、愛を実践していく**べきである。

そもそもあなたは「稼ぎ頭の自分が一番偉いんだ！」という傲慢な勘違いをしていないだろうか。残念ながらそれでは、家族から軽蔑され、孤立していくだけだ。

一家のリーダーとして偉そうに説教をのたまうその張本人が、愚痴っぽくて後ろ向き、約束を守らない、自分勝手、不公平で不健全、道徳観もない、高慢な態度、信念がない生き方、というように家族からは「最低な人間」としてのラベルを貼られている。

リーダーとして、職場では何とか人格者を装っているのに、家庭に帰った途端に人間のクズに変貌してしまうのだ。家庭内の寛ぎとは、だらしのない人間性を暴露する場ではない。自己中心的な振る舞いやわがまま放題な態度では、家族は誰もついてこないだろう。

これからは家族の見本となる態度を貫くこと。**家庭とはむしろ、「真のリーダー」としての健全な人間性を育てるところ**なのだ。

また、逆に家庭をスケープゴートにして、マネジメントを蔑《ないがし》ろにするなど論ずるに値しない。たとえば、偽者のマイホームパパ。彼らの化けの皮を剥がせば、怠け者の素顔を拝むことができる。

家庭犠牲型の仕事人間も失格、家庭逃避型の怠け者もまた、失格である。

あなたの高潔な生き方が、家庭を幸福に導き、チームをも繁栄に導くのである。

鬼100則 99

脳裏に浮かんだ部下を消し去るな「テレパシー」で返信せよ

休日や眠る前、一人でボーッとしているとき、または移動中などに、脳裏に浮かんでくる部下はいないだろうか。リーダーをやっていれば、常に気になっている部下の一人や二人はいることだろう。

その中でも、浮かんでは消え、消えては浮かび、**消しても消しても、あなたの心に棲みついたかのように、執拗に脳裏へ浮かんでくる部下はいないだろうか。**成績の落ちてきた部下、言い争いになってしまった部下、最近休みがちな部下など、一度気になりはじめると頭の中を離れない部下がいるはずだ。

そんなふうに、繰り返し気に病んでしまうなんて、繊細すぎる自分はリーダーに向いていないのではないか、と落ち込むこともあるかもしれないが、これからはもうその必要はない。それは正常なリーダーの心のあり方だ。あなたはリーダーに向いている。

なぜなら、**部下を操る〝超能力〟を持っているの**だから。

同時に部下のほうも、あなたのことを考えていると思ってほしい。部下もあなたと同じように、気に病んでいるのである。リーダーとの微妙な人間関係に苦しんでいる場合もあるだろう。場合によっては、あなたへの一時的な不満が遺恨となっているかもしれない。とするなら、部下の〝想い〟を払いのけてはいけない。消し去ろうと必死になるのではなく、そのメッセージをしっかりと「受信」してほしいのである。

そして**あなたは「テレパシー」を送るつもりになって、頭の中で部下への想いを念じ、問いかけてほしい。そのテレパシーが確実に相手へ届くことを信じて。**

もし、部下からネガティブなメッセージが届いたなら、ポジティブに変換させた「あなたの愛」を、テレパシーを使って「返信」してほしいのだ。きっとその〝想念〟は、部下へ伝わっているはずである。

私は、いわゆるスピリチュアルな現象を信じている「霊能者」でも何でもない。ただ、**「以心伝心」は信じている。**あなたの想いが強ければ強いほど、もう言葉はいらない。電話もいらない。メールも必要ない。心と心はつながっているのだ。

遠くにいる部下の顔を思い浮かべ、テレパシーを次々と送り続けてほしい。

この「遠隔操作」を使いこなせば、部下はあなたの〝想うがまま〟になるだろう。

「小さな善意」を軽んじるな 無秩序な生活から足を洗え

リーダーが自信を喪失し、踏み込みの浅いチキンハートな指導を続けているようでは、チームの未来は絶望的だ。しかし、そんなチキン・リーダーに対し、ここで私がどれだけ「自信を持て」と伝えたところで、どうにもならないだろう。

実は、リーダーの腰を引かせている要因というのは、深層心理に潜む「自分は価値のない、悪徳な人間である」という得体の知れない〝後ろめたさ〟や〝罪悪感〟なのだ。

だから、**「能力」を磨くよりも、優先すべきは「高潔さ」を磨くべき**なのである。

「高潔さ」という言葉を辞書で調べてみると、「人柄が立派で、利欲のために心を動かさないこと。常に厳しい態度で自らを律し、他から尊敬される様子」などと書かれている。

高潔さ（インテグリティ）という言葉の意味は、単なる誠実さというより、「人格的に完璧でなければならない」というのが、世界で活躍するトップリーダーの〝鬼定義〟だ。

業績が伸びないチームのリーダーは、「インテグリティ（高潔さ）」を磨くという、本来なら最優先すべき努力を怠っている。だから本物の自信がつかない。

誰にでも〝善の意識〟というものがあるはずだ。リーダーとして大成功したいなら、その良心や倫理観を育て、自らのインティグリティ・パワーに磨きをかけることに尽きる。

清掃をする。献血をする。募金をする。席を譲る。親切にする。挨拶をする。親孝行する。人を助ける。まずはそんな**「小さな善意」を積み重ねてほしい。**いまだにタバコのポイ捨てに抵抗を感じない「無秩序なリーダー」に明日はないのだ。

「自信」をコントロールできないのは、インティグリティの欠如した無秩序な「もう一人のあなた」が〝後ろめたさ〟や〝罪悪感〟をつくりだしているからだと思ってほしい。

ここでもう一度、**「あなたは偽者である」という〝真実〟を受け入れてみてはどうだろうか。**「もう一人の偽者の自分」から幽体離脱して俯瞰してみれば、そこには、短絡的な行動や目先の利益に走っているダーティーなあなたが見えてくるはずだ。

インティグリティに基づく生き方に改心できたとき、もう一人の偽者は消えていく。あなたはあなたらしく、「自信」に満ち溢れたリーダー人生を歩むことになるのである。

そう、本物のあなたは、オギャーと生まれたときから真っ白な良心の塊であり、強い正義感の鎧を身につけた、正真正銘の〝善人〟なのだから。

あとがき

はたして、あなたの心の奥底に眠っていた「リーダーの〝鬼〟」は目を覚まし、むくむくと起き出しただろうか。

「まえがき」でも触れた通り、鬼の定義とは、「あなたが元来持っているにもかかわらず、普段は発揮しきれていない忍耐強さやバイタリティを生かし、理性と知性と愛を持って願望を叶えていく〝途轍もない力〟」のこと。

そう、**あなたは、その力を「持っている」のだ。ただ今までは、その〝鬼〟が眠っていただけなのである。**

ここまで読了し，数々の「鬼の金言」に頭をボコボコに叩かれたあなたは、**リーダーとしての「矜持《きょうじ》」が蘇り、今すぐにでも部下を抱きしめたくなるほどに、愛と情熱があふれて止まらなくなった**のではないだろうか。

「腹のくくり方＝覚悟」が、まだまだ足りなかった〝かつての自分〟を猛省し、あなたのリーダー魂に火がついたのであれば幸いである。

一方、すでに実力派の熟練リーダーであるあなたなら、こうして１００項目にもわたる**「鬼リーダーの奥義」を〝復習〟したことによって頭の中が整理され、改めて「あるべき姿」と「目指すべき姿」が明確になった**はずだ。

ここまで濃密なコンテンツが詰まった辛口・毒舌のリーダー指南書は、いまだかつて存在しなかったし、「未来永劫、誰にも書けない」のではないだろうか。それほどに心血を注いだ作品となった。本当に感慨深く、心から感動している。

本書が、前作の『営業の鬼１００則』同様に、永く後世のリーダーたちへと語り継がれていくロングセラーとなってくれることを、心から願ってやまない。

最後になったが、このたびの「鬼シリーズ第2弾」の出版に当たり、またしても明日香出版社の方々からは多大なるご協力を賜り、この機会を得た。

そして何より、前作以上に、編集担当の古川創一氏からの「鬼」のように的確なアドバイスと、「仏」のように心温まる励ましによって、ここに本書が誕生した。

謹んで関係者の方々に感謝申し上げたい。

令和元年五月吉日

早川 勝

■著者略歴
早川　勝（はやかわ　まさる）

神奈川県に生まれる。

世界有数のフィナンシャルグループを母体とする外資系生命保険会社に入社以来、圧倒的なトップクラスの成果を上げ続け、数々のタイトルを獲得。

その後、営業所長としても社内で最大かつ最高の生産性を誇るコンサルティングセールス集団を創り上げ、No.1マネジャーの称号を得る。

支社長に就任後、どん底支社を再生させ、100名中35名のMDRT（Million Dollar Round Tableの略、世界79の国と地域でトップ数％が資格を有する卓越した生保のプロによる世界的な組織）会員を擁する組織を構築。

主要項目「10冠王」を獲得し、「連続日本一」となる。

その後も生保各社からオファーを受け、営業組織の統括部長や営業本部長として、歴史的改革や新規プロジェクトの指揮を執る。現在もエグゼクティブトレーナーを兼務するマネジメントの最前線で活躍中。

主な著書に、ベストセラーとなった『営業の鬼100則』（明日香出版社）、『死ぬ気で働く営業マンだけがお客さまに選ばれる』（かんき出版）をはじめとする「死ぬ気シリーズ･4部作」や、『どん底営業チームを全国トップに変えた魔法のひと言』（日本能率協会マネジメントセンター）、『「最高の結果」はすべてを「捨てた」後にやってくる』（総合法令出版）、『ツイてない僕を成功に導いた強運の神様』（大和書房）、『やる気があふれて止まらない』（きずな出版）、など多数。

本書の内容に関するお問い合わせ
明日香出版社　編集部
☎(03)5395-7651

リーダーの鬼《おに》100則《そく》

2019年　5月　24日　初版発行

著　者　早《はや》川《かわ》　勝《まさる》
発行者　石野栄一

明日香出版社
〒112-0005 東京都文京区水道2-11-5
電話 (03) 5395-7650（代表）
(03) 5395-7654（FAX）
郵便振替 00150-6-183481
http://www.asuka-g.co.jp

■スタッフ■　編集　小林勝／久松圭祐／古川創一／藤田知子／田中裕也
営業　渡辺久夫／浜田充弘／奥本達哉／野口優／横尾一樹／関山美保子／藤本さやか　財務　早川朋子

印刷　美研プリンティング株式会社
製本　根本製本株式会社
ISBN 978-4-7569-2029-4 C0034

編集担当　古川創一

リーダーの一流、二流、三流

吉田　幸弘

一流のリーダーを目指すためにはどうすればいいのかを説いた本です。
仕事術、時間術、コミュニケーション、心得など、
リーダーが押さえておかなければならないスキルと考え方を一流、二流、三流という3段階の視点でまとめました。

本体価格 1500 円＋税　B6 並製　240 ページ
ISBN978-4-7569-1893-2　2017/04 発行

仕事が「速いリーダー」と「遅いリーダー」の習慣

石川　和男

プレイングマネージャーと言われる管理職が増えてきました。彼らは、実務をこなしながら、部下の面倒も見なければなりません。従って、毎日忙しく、自分の時間を持つことができないのです。本書は、リーダーの仕事を速く行うための習慣を50項目にまとめました。

本体価格 1500 円＋税　B6 並製　240 ページ
ISBN978-4-7569-1840-6　2016/06 発行

部下のやる気を引き出す「リーダー」のチェックボックス

中澤　仁美

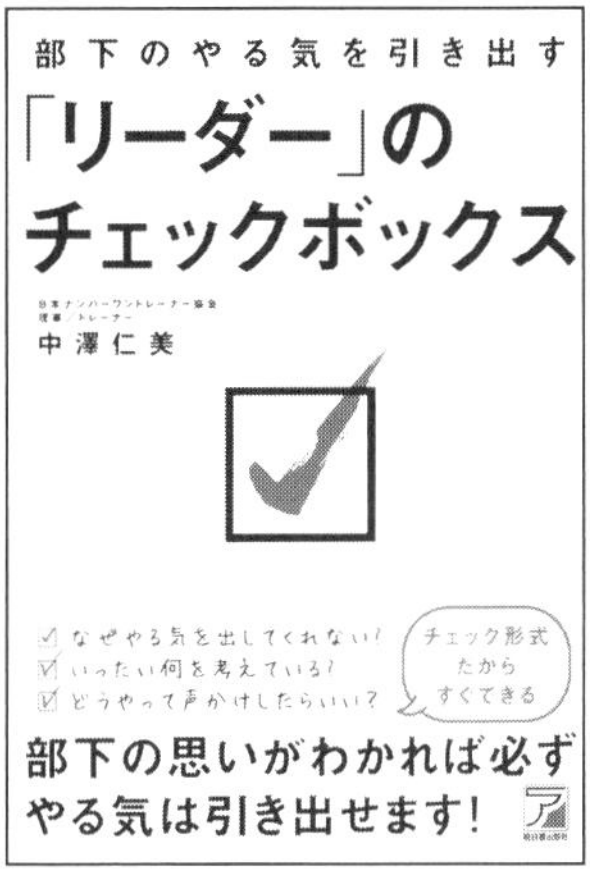

やる気がない、すぐあきらめる、強く言うと辞めてしまいそう…、そんな若手の部下を抱えるリーダー層に向けて、どうしたらやる気を引き出すことができるか等、チェック形式で解説した本です。部下の態度、姿勢、言葉が持つ「真意」を読みとり、リーダー（読者自身）の接し方や指導のやり方を改めていけば良いか、具体的な図説を交えてひも解きます。

本体価格 1400 円＋税　B6 並製　208 ページ
ISBN978-4-7569-1970-0　2018/06 発行

目標を「達成するリーダー」と「達成しないリーダー」の習慣

浅井　浩一

常に目標を達成するチームリーダーはどんなことに気を配り、どんなことを実践しているのか。計画の作り方、目標へのアプローチ、メンバー育成、メンバーとの情報共有、コミュニケーション、ミーティングなど、リーダーが大事にしているちょっとした習慣を教え説く内容。

本体価格 1500 円＋税　B6 並製　240 ページ
ISBN978-4-7569-1973-1　2018/07 発行

強いチームをつくる！　リーダーの心得

伊庭　正康

リーダーは資質ではなく姿勢・コツがものを言うというスタンスを実例をあげながら紹介します。コミュニケーションの取り方、チームビルディング、目標設定＆実行など、具体的にとるべき行動とそのコツを実体験を交えつつやさしく解説します。

本体価格 1400 円＋税　B6 並製　240 ページ
ISBN978-4-7569-1691-4　2014/04 発行

不安・苦手ゼロ！
人を使うのが上手な人のリーダー（上司）のワザ

黒川　勇二

はじめて人を指導することになった新任リーダーは、リーダーという役目を果たすために何を身につけていけばいいのでしょうか。
リーダーとしての役割を全うするための 7 つの技法を丁寧に解説しています。

本体価格 1500 円＋税　B6 並製　208 ページ
ISBN978-4-7569-1777-5　2015/06 発行

ミス・ロスが激減する！ 話し方・聞き方・伝え方

中尾　ゆうすけ

会話、メール、会議、報連相など、人と人とがコミュニケーションを取るときに陥りやすいミスをなくす方法。「言った、言わないでもめる」「人によって、捉え方が違う」「悪気はないのに怒らせてしまった」「報告しなくちゃと思っていたけど、忙しくて忘れた」などのコミュニケーションミスを回避します。

本体価格 1400 円＋税　B6 並製　232 ページ
ISBN978-4-7569-1949-6　2018/02 発行

部下も気づいていない「やる気」と「能力」を引き出す　教え方

佐々木　恵

教え方のイロハをわかりやすくまとめた本。教えたことができない、何度言っても理解してくれない……その原因は教えている人のスキル不足です。相手と自分とでは、経験や知識の差があるのは当たり前。相手のことをよく理解し、その人に合った教え方で教えなければなりません。
後輩や部下を育て、戦力にする方法を学べます。

本体価格 1500 円＋税　B6 並製　248 ページ
ISBN978-4-7569-1956-4　2018/03 発行

営業の鬼 100 則

早川　勝

本体 1500 円＋税　B6 並製　232 ページ
ISBN978-4-7569-1989-2　2018/09 発行

常に営業で実績を上げ続けている人はどのような考えで、行動しているのでしょうか。自分で律していること、営業準備、コミュニケーション、習慣、考え方などを厳しい兄貴目線で紹介していきます。心がけ次第で誰でもできるが、それを継続していくのは難しいものとか、少しストイックに見えるかなと思うものも紹介していきます。